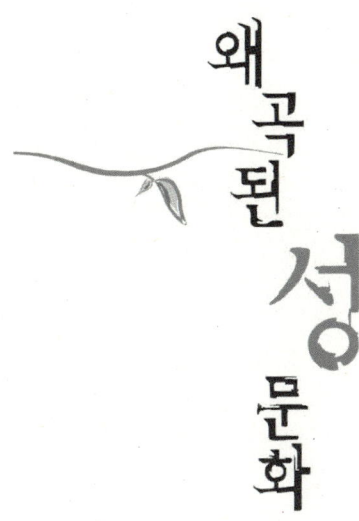

왜곡된 성 문화

왜곡된 성문화

방희봉·김용민 공저

한국학술정보㈜

17세 '얼짱소녀'가 친구들에게 성매매를 강요하고 이를 통해 얻은 돈으로 명품 쇼핑을 했다는 내용이 방송돼 충격을 주고 있다.

2년 전 고등학교 관둔 최 양은 눈에 띄는 외모 덕에 자신의 미니홈피에 올린 여러 장의 사진이 유명세를 치르고, 네티즌 사이에서 '얼짱소녀'란 별칭까지 얻은 소녀다.

하지만 친구 여럿을 감금한 뒤 원조교제를 강요하고 폭행을 일삼은 최양은 심지어 반항하는 친구에게 고양이 배설물까지 먹이는 엽기적인 행동을 벌였다. 원조교제로 받은 돈은 명품 의류를 사거나 유흥비로 모두 썼다.

외모지상주의로 얼룩진 사회에서 '얼짱'이라는 이유로 순식간에 유명해 졌지만 결국 그 뒤에 감춰져 있던 끔찍한 모습은 오래가지 못하고 곧 드러났다. 외모와 학벌이 중시되는 사회, 다시 한번 경각심을 갖게 하는 사건이었다.」

위 기사는 2007년 9월 신문에 난 기사 중 일부로 우리 사회의 한 단면을 적나라하게 볼 수 있는 좋은 예이다. 이와 같은 일은 빙산의 일각이라고 표현해도 좋을 만큼 우리나라의 사회 구조가 뿌리째 흔들릴 정도로 심각한 문제들이 산적해 있다. 그중에서 성을 매개로 한 도덕적 타락의 사회현상은 청소년뿐만 아니라 성인사회에도 심각한 문제를 야기하고 있다.

본서는 1, 2편으로 나누어 1편에서는 일본 대중문화에 대해 이야기 하고자 한다. 물론 좋은 일본 대중문화도 많겠지만 이야기 하고자 하는 것은 사회적 문제로 지적되는 음습한 일본 대중 문화, 이를 무분별하게 받아들여 생긴 병리현상을 이야기 하고 싶은 것이며 이를 통해 건전한 사회분위기를 만들자는 공감대를 형성하고 싶은 것이다. 1999년 9월 그동안 금지돼 왔던 일본대중가요 공연 허용과 가족영화 및 국제영화제 수상작 상연을 골자로 하는 일본 대중문화 2차 개방안이 발표되었다. 그전에도 암암리에 국내 저변에 깊숙이 침투하고 있었던 일본 대중문화는 우리의 문화가 성숙되고 자존심이 있다면 문제될 것이 없었으나 현실로 나타난 현상들을 유추해 볼 때 심각한 사회 문제를 야기하고 있고 또 문제를 발생할 소지를 충분히 내포하고 있다고 생각한다.

오천년의 유구한 역사와 단일민족의 문화와 전통을 계승하고, 새로운 미래를 만들어가야 하는 현 시점에서 가장 중요한 것 중 하나는 우리의 미래를 짊어질 청소년들의 건전한 정신과 진취적인 사고방식인 것이다. 그러나 서두에서 언급한 사례에서 보듯이 현재 가장 사회문제가 되고 있는 청소년들의 불건전한 문화인 '원조교제'를 깊이 있게 다루어 보고자 한다. 이를 통해 사회의 부도덕적인 성 문화에 대하여 고찰하고 비판하여, 새로운 성 문화를 조성하기 위한 방법을 제시하고자 한다.

제2편에서는, 최근 들어 급속히 발전하고 있는 인터넷은 이제 비즈니스적이고 학술적인 이용을 넘어서 생활의 일부로 자리를 잡기 시작하였다. 인터넷은 '성 정보 교류의 바다'로 무한한 정보 제공이라는 긍정적인 면과 동시에 성 관련 정보가 교류되는 부정적인 측면을 동시에 가지고 있어 자칫 정신건강을 황폐화시키는 흉기로 돌변할 가능성도 있다. 인터넷을 떠도는 음란물은 이런 점에서 정보화의 발전적 측면을 가로막는 커다란 걸림돌이다. 무분별한 음란물 유포 행위를 처벌하는

법적 장치의 마련과 함께 강력한 처벌이 뒤 따라야 할 것이다. 특히 청소년을 대상으로 인터넷의 이점과 해악을 알리는 교육이 체계적으로 이뤄져야 할 것이다.

유교사상이 생활 전반에 깔려 있는 우리나라는 이런 시대의 성 개방 흐름에 대해 마땅한 대안 없이 걱정만 하고 있는 실정이나, 체계적인 성교육을 마련하기도 전에 급속하게 변해 가는 성 문화 환경을 따라가야 한다는 점에서 청소년 성교육은 더욱 어려운 과제가 되고 있다. 따라서 인터넷의 활용 분야와 음란물의 유형을 구체적으로 알아보고, 인터넷의 올바른 이용 방법에 대하여 알아보고자 한다.

대전 용운동에서
저자들 씀

제 2 편

사이버 공간에서 음란물의 여러 유형과 인터넷의 올바른 활용 방안에 관한 고찰

제 1 편

'원조교제'를 통해서 본 한국인의
성(性) 의식구조 변화에 관한 고찰

1

서 론

1990년대부터 일본에서 유행했던 '원조교제'가 이제 우리나라에서도 '강 건너 불'만은 아닌 우리의 사회문제로 대두되기 시작하였다. 10대 소녀의 매춘이 급증하면서 일본식 '원조교제가' 심각한 사회문제가 된 것이다. 그 대상은 여중·고·대학생과 경제불황을 맞이하면서 직장 여성에 이르기까지 다양하며 광범위한 계층에까지 분포되어 있다. 은밀하게 유행하고 있는 '원조교제'는 나이 먹은 남성의 데이트 상대가 되어주고 '용돈' 형식의 화대를 받는 신종 매춘행위나 다름없다.

몇 년 전 부산에서 있었던 한 사건의 내막을 들여다보면 원조교제의 실태를 분명하게 파악할 수 있을 것이다. 친구 사이인 세 명의 여고생과 원조교제에 그룹섹스까지 즐긴 68세 노인이 경찰에 적발되었다. 사건이 세상에 알려지게 된 것은 한 여고생 부모의 가출 신고 때문이었다. 사건을 접수한 경찰의 수사 과정에서 가출한 여고생의 핸드폰에 남겨진 노인의 음성 녹음과 전화번호가 노출되어, 전화번호를 추적한 결과 노인의 원조교제의 전말이 세간에 드러나게 된 것이다. 무엇보다 충격적인 것은 구속된 김 모 씨의 신분이 중소기업체인 ㅎ공업사의 대표이사이며, 평화통일정책자문회의 자문위원이었다는 점이다.

이 원조교제의 발단은, 김 씨가 우연히 알게 된 ㄱ여고 최 모(16) 양에게 소개비를 주고는 은근히 원조교제 할 친구를 소개해 달라고 하면서부터다. 최 양은 친구인 윤 모 양(16)을 소개해 주었고, 김 씨는 윤 양에게 용돈을 준다는 대가로 '연애'할 것을 요구하면서 원조교제가 시작된 것이다. 두 번째 원조교제부터는 윤 양과 조 양(15)이 합류해 그룹섹스가 이루어졌다. 이후 파트너 가운데 윤 양은 고정 파트너로 계속 등장했고, 박 양과 조 양이 번갈아 가며 이 원조교제에 등장했다. 검찰이 확인한 바로는 7차례의 원조교제가 행해졌다. 원조교제에 참여한 여학생들은 원조교제 이전에 한두 번의 성 경험이 있었으며 소개 받은 날 바로 여관에 따라갔다고 한다. 여학생들은 별다른 죄책감 없이 오로지 용돈을 번다는 생각에 할아버지뻘인 김 씨와 성관계를 맺었던 것으로 드러나 관계자들을 놀라게 했다.

이와 같은 원조교제는 이미 일본에서는 심각한 사회문제로 대두된 지 오래되었다. 한 해 동안 평균 도쿄 경찰에 보호된 원조교제 여학생 수는 3백만 명을 넘어섰고 이 같은 수치는 매년 증가 일로에 있다는 것이다. 도쿄 시내의 여학생들을 대상으로 한 설문조사 결과 여고생의 4%, 여중생의 3.8%가 원조교제의 경험이 있는 것으로 나타나 충격을 더해주고 있다.

전통적으로 우리나라 취객들은 '영계'라 불리는 미성년자 접대부를 선호한다. 덕분에 미성년자들은 경찰 등 관계기관의 지속적인 단속에도 불구하고 윤락가, 단란주점, 다방, 안마시술소, 나체쇼장 등을 포함 각종 유흥업소에 진출해 있다. 게다가 경제불황 이후 경제 사정이 나빠지면서 용돈 마련을 위해 자신의 성을 무기로 스스럼없이 윤락에 빠져드는 10대들의 매춘행위가 더욱 확산되고 있다. 집을 나온 가출 청소년뿐 아니라, 낮에 버젓이 학교에 다니는 여 중·고생들까지도 밤에 단란주점이나 윤락 업소에서 접대부로 나서고 있다.

1997년 9월부터 '자녀 안심하고 학교 보내기 운동'을 시작한 검찰은 지난 1년간 전국 3천4백여 유흥업소를 단속, 접대부 또는 윤락녀로 일해 온 10대 소녀 5천48 명을 적발해 부모들에게 넘겼다. 10대들 중 3천5백여 명이 단란주점 등에서 술 시중을 드는 접대부로 일해 왔으며, 8백여 명은 직접 윤락을 해온 것으로 밝혀졌다.

경찰청 또한 '여고생 접대부'를 집중 단속한 결과 무려 1천84개 업소에서 1천6백13 명에 이르는 미성년자를 찾아냈다. 한 매춘업 관계자는 "일본의 영향 탓도 있지만 경제불황 여파, 경찰 단속 등으로 돈벌이가 떨어지면서 원조교제를 원하는 학생들이 늘어났다"고 밝혔다.

경찰관계자의 말에 따르면 이들이 밝히는 원조교제의 매력은 시간을 적게 들이고도 안정적으로 수입을 챙길 수 있다는 것으로 무엇보다 원조교제의 경우 억지로 술을 마시지 않아도 되고 용돈이 필요할 때는 언제든지 원조교제자로부터 받을 수 있으므로 쉽게 여중·고·대학생들이 원조교제의 늪에 빠져드는 것으로 파악하고 있다.

우리나라에서 행해지고 있는 원조교제의 경우 대부분 인터넷, 이벤트사나 전화방 등을 통해 주로 연결된다. 이벤트사란 생활정보지에 요란한 광고를 내는 일종의 중개센터로 물론 결혼상담소나 전화방으로 위장하기도 한다. 여 중·고생들이 이곳에 등록해 놓으면 이벤트사에서는 휴대전화를 통해 언제 어디서든 '손님'과 연결시켜 준다. 또 단란주점이나 룸살롱 소주방 등에서 아르바이트(?)를 하는 친구가 소개해 주는 경우도 있다. 일부는 아예 원조교제 대상을 직접 헌팅하는 여학생도 있다. 돈 많은 유부남을 유혹하기 위해 이런 여학생들이 즐겨 찾는 장소는 강남역 사거리 유흥가, 화양동 유흥가, 청량리 사창가 주변, 돈암동 일대, 대학로, 신촌, 홍대 주변, 전철 노원역 근처, 강남 신사동 등으로 알려져 있다. 그러나 가장 쉬운 방법은 전화방이나 폰팅을 이용하는 것이다. 폰팅은 전화방처럼 직접 찾아가지 않아도 집이나 공중

전화를 통해서도 접근이 가능하다. 이들은 '은밀한 속삭임' '러브데이트' 등 자극적인 문구로 잡지나 생활정보지 등에 광고를 실어 청소년들을 유혹하고 있다. 그러나 최근에는 생활정보지 등에 광고를 게재하는 것을 법으로 제한하고 있어 명함 형태의 광고지를 이용하여 광고하고 있는 실정이다. 원조교제는 한 사람을 상대로 보통 2~3개월을 넘기기 어렵다. 몇 번의 성관계를 가지면 이미 식상한 남자가 또 다른 파트너를 찾아 떠나기 때문이다. 또한 이런 만남에 익숙한 여학생들은 이별을 아쉬워하는 것이 아니라 새로운 '봉'을 잡는 것이 주머니를 더 두둑하게 해주기 때문에 다시 원조교제 상대를 찾아 나서는 것이다. 원조교제가 확산되면서 원조교제를 이용한 신종 범죄도 등장했다. 이 원조교제를 덫으로 이용한 여학생들의 한탕사건이 잇따르고 있다. '꽃값(?)'으로 몇 십만 원을 받기보다는 한번에 큰돈을 가지는 것이 차라리 수익성이 있다고 생각하는 '꽃뱀 원조교제' 학생들도 등장했다.

어쨌든 지금까지는 청소년에게 돈을 주고 성관계를 맺었던 남자들은 관대한 처분을 받았다. 하지만 청소년보호법과 윤락행위 방지법 등이 개정되면 청소년과의 성행위 즉 원조교제의 처벌이 강화되고 있다. 금품 등을 제공하는 조건으로 미성년자와 성행위를 한 경우 최고 5년까지의 실형과 함께 확정판결 후 신상이 일반에 공개된다. 정부는 「성매매특별법」을 제정하여 시행하고 있는데 그 내용을 보면 미성년 매매춘 알선은 5년 이상의 징역 또는 3억 원 이하 벌금·매매춘 장소 제공은 7년 이하 징역, 3천만 원 이하 벌금·청소년 유해 업소, 음란물 제작자에게 청소년을 소개할 경우에는 10년 이하의 징역·국외에 소개할 경우에는 3년 이하의 징역 또는 2억 원 이하의 벌금형에 각각 처하도록 했다. 이밖에 정부는 미성년자가 출연하는 음란물을 제작·수입·수출할 경우, 1년 이상, 10년 이하의 징역에 처하는 등 음란물 제작 및 유포 행위에 대한 처벌 규정도 강화하기로 했다.

1999년 9월 금지되어 왔던 일본대중가요 공연 허용과 가족영화 및 국제영화제 수상작 상연을 골자로 하는 일본 대중문화 2차 개방안을 발표했다. 암암리에 국내 저변에 깊숙이 침투한 일본 대중문화는 우리의 문화가 성숙되고 자존심이 있다면 문제될 것이 없으나, 지금까지 나타난 현상들을 유추해볼 때 심각한 문제를 야기할 소지가 충분히 내포하고 있다고 생각한다. 5000년의 유구한 역사와 단일민족의 문화와 전통을 계승하고, 새 천년을 맞이하는 현 시점에서 우리의 미래를 짊어질 청소년들의 건전한 정신과 진취적인 사고방식을 기르고 육성하는 일은 현재 우리시대에 있어 성인들이 해야 할 가장 큰 사회문제가 되고 있다. 특히 인터넷이 청소년들의 불건전한 성 문화의 원조이므로 이 문제를 깊이 있게 다루고자하며 이를 통해 사회의 부도덕적인 성 문화에 대한 비판과 반성의 시간을 갖고자 한다.

2

성(性) 평등적 관점에서 남성과 여성

어떤 형태의 사회제도이든지 그 본질을 이해하기 위해, 흔히 기원으로 거슬러 올라가 역사를 유추하면서 현시점의 사회현상을 이해하고 있다. 기원에 대한 구성이 설득력 있기 위해서는 밑받침되는 자료의 해석이 타당하고 신빙성이 있어야 하는 것은 기본이지만, 이후의 변천과정이 기원을 구성하는 이론 틀과 같은 맥락에서 일관되게 설명될 수 있어야 한다.

가. 사회 불평등의 기원

1. 원시사회에서의 여성과 남성

한 사회와 인간의 삶이 이어지려면 어떤 형태로든 식량이 공급되어야 하며, 다음 세대 성원의 출산과 양육이 이루어져야 한다. 즉 생산과 재생산(상속자)이 사회 유지의 기본적인 요소가 된다. 원시사회의 경우, 생산기술이 발달하지 않아 초기에는 단순 채집과 수렵에 의존하다 보니 확보되는 식량이 충분치 않았다. 여성의 경우, 출산 전후 시기와 수

유기간 동안 거동이 남자만큼 자유롭지 않았겠지만 식량 생산에 적극적으로 참여했을 것이다. 그러나 원시시대의 여성들은 일생의 약 삼분의 일을 차지하는 가임기간 중에는 임신이나 수유로 인해 남자들처럼 거주지에서 자유롭게 멀리 가지 못했다. 그러다 보니 남녀의 생물학적인 기능에 따라 수렵과 어로를 남성이 맡고, 식물 채집은 여성이 맡는 노동 분화가 자연발생적으로 나타나게 된 것이다. 그러나 인류학자들의 추산에 의하면 이 당시에는 사냥도구나 사냥기술이 발달하지 못했기 때문에 채집에 의한 식량 확보가 전체 식량의 60%에서 80% 정도였다고 한다. 이때는 생존이 시급한 시기였고 식량 부족과 거친 자연환경으로 유아 사망률이 높았을 것이므로 성에 대한 특별한 규정이 없었던 무규범의 상태였을 것으로 본다.

수렵이나 어로에서 움직이는 동물을 대상으로 하기 때문에 인간의 신체적인 노동력을 연장해야 할 필요를 더욱 절실히 느끼게 된다. 따라서 각종 도구와 생산기술의 발달이 채집 부문에서보다 상대적으로 빠르게 진행되었다. 사냥기술, 즉 빨리 달린다든지 감각이 특히 예민하게 발달해 있다든지, 각종 사냥도구를 다루는 기술 등은 선천적으로 타고난 개인적인 능력이다. 수렵이나 어로에서는 이들 능력이 집단적으로 더 요구되고 인정되며 적극적으로 활용되었을 것이기 때문에 이러한 개인적인 능력이 쉽게 사회화되었을 것으로 유추할 수 있다. 식물을 채집하는 것도 채집도구의 발달을 들 수 있고, 나무를 잘 타고 오른다든가 몸이 가벼워 가느다란 가지까지도 갈 수 있다는 등의 개인적인 능력이 필요하다. 그러나 수렵과 어로 부분에 비하면 이런 능력이 집단의 노획물량을 크게 좌우할 정도는 아니기 때문에 이들 개인적인 능력에 대한 사회적인 비중은 상대적으로 낮았을 것이다. 수렵과 어로에서 생산도구와 생산기술이 발달함에 따라 노획물이 많아지자 그중 일부는 가축으로의 사육이 가능해졌다. 채집한 식량의 재배와 경작도 가능해지면서 생존의 위협으로부터 어느 정도 벗어날 수 있게 되었다. 생산력이 축적되면서 이러한 원시적인 생산관계를 유지하기 위해 재생산관계에 대한 규정이 나타나긴 했으나 그것은 직계존비속 간이나 친형제자매간의 성관계는 금하는 정도였다. 그러다 보니 혈통은 어머니를 통해서만 이어지는 모계사회일 수밖에 없었다.

2. 권력과 소유의 등장

생산력의 지속적인 축적을 통해 어느 정도의 잉여가 생겨나면서 원시적인 공동생산과 분배라는 생산관계에 대한 도전과 불만이 표출되었다. 이것은 원시사회의 생산조직 안에서 힘을 행사할 수 있는 사람들을 중심으로 형성되었다. 이들은 자연이라는 노동대상을 어느 정도 지배하고 통제할 수 있다고 생각되던 주술적인 능력과 생산기술과 생산도구를 잘 활용할 수 있는 개인적인 능력을 가진 사람들이었을 것이다. 특히 후자의 경우 공동생산과 공동분배라는 관계에서 생산에 기여한 자신들의 몫이 인정받지 못한다는 점에 불만을 가질 수 있었다. 그러나 이 불만이 곧바로 소유욕이었다기보다는 잉여물의 분배권을 가지려는 권력욕이었을 것이다. 자신의 특출한 능력으로 노획한 노획물의 공동생산으로 사회화되어 분배되는 것보다는 생산에 대한 자신의 기여 분을 인정받는 한도 내에서 분배권을 가지려 했을 수 있다. 그런데 자의적인 처분이 가능한 권리라는 것은 결국 소유권을 뜻한다. 이런 불만과 도전의 결과 기존의 원시적인 공동생산과 공동분배의 생산관계는 권력과 소유를 행사하는 새로운 생산관계로 점차 바뀌어 갔다고 할 수 있다. 그러나 이때의 권력과 소유는 사회적인 의미를 보편적

으로 획득하지 않은 상태였기 때문에 여기서 귀결되는 차이는 개인적
이고 우발적인 차이, 즉 사회화되지 않은 불평등이었다.

3. 성 불평등의 출현

권력자들 중에는 남녀가 모두 있었으나 노동대상의 특성상 생산기술
과 도구의 발달이 더 요구되었던 수렵과 어로에 종사하던 남성이 더
많았다. 이들 권력자는 공동체 내에서 자신의 지위를 공고히 하기 위
해 새로운 사회관계를 만들어야 했다. 즉 생산체계에서 일어나는 변화
가 유지되고 강화되려면 이에 상응하는 재 생산관계가 만들어져야 하
기 때문에 당장에 대두되는 것이 재생산에 대한 규정이었다. 여자가
권력을 가진 경우는 자신의 혈통을 확인할 수 있으므로 성과 생식에
대한 기존의 재생산규정을 바꿀 필요가 크지 않았다. 반면, 남성 권력
자의 경우, 자신의 상속자를 확인하기 위해 일정기간 상대 여성의 성
을 독점해야 한다. 모계만이 확인되는 기존의 재생산규정을 남성들의
경우 자신들이 새로이 확보해 낸 생산관계를 유지하는 데 걸맞지 않
았던 것이다.
그런데 이때까지는 권력과 소유가 부분적으로만 인정되었을 것이고
이런 차이가 사회적인 불평등으로까지 제도화되지 않은 상태였을 것
이므로 권력자라 해서 여성의 성을 당연하게 독점하지는 못했을 것이
다. 이에 대한 대가로 여성의 노동부담을 전적으로나 부분적으로 덜어
주는 조건이 제시되었을 가능성이 크다. 권력의 개념이 채 사회화되지
않았으므로 대다수의 집단성원 또한 권력에 따르는 지배와 종속의 관
계를 터득하지 않은 상태였을 것이기 때문이다. 여성은 공동체 내의
고된 노동과 식량 부족으로 인한 생존의 위협에서 벗어날 수 있다는

점에서 이러한 일종의 계약결혼에 동의하게 된다. 이것이 대우혼의 등장이며 이때부터 부계사회로의 전환이 시작된 것이다. 일정한 형태로 장기간 지속되는 가족제도가 있는 것도 아니고 일상의 생존이 치열했던 이 시기의 남녀는 혼인 상태에 있을 때는 이성애와 상호 보살핌이라는 재생산체계의 원리로서 맺어지지만, 대다수의 남녀, 특히 혼인관계가 끝난 전(前) 남편들과 전(前)부인들은 자원의 희소성과 경제성의 원리가 작용하는 생산체계에 놓여진다.

대우혼에 따르면 남녀가 일정기간 동안 배우자로 계약하고, 그 기간이 지나면 재계약을 맺거나 또는 헤어지고 새로운 배우자와의 계약을 시작한다. 이러한 계약이 남녀간에 평등하게 지켜지지 않았을 것이다. 즉 남성의 경우, 여러 여성과의 성관계를 동시에 가진다 해도 상대 여성의 성을 일정기간 독점하기만 한다면 확실한 자신의 상속자(들)를 얻을 수 있다. 그러므로 대우혼인 상태에 있는 남성은 자신이 원하고, 여러 여성을 부양할 수만 있다면 다처제를 누렸을 것이다. 대우혼이 일부 남성 권력자에 의해 원시적인 난혼 상태에서 생겨났고 유일한 성관계 규범으로 확립된 것이 아니었기 때문에 이러한 남성의 난혼에 대해 여성이 크게 반발하지 않았을 것으로 본다. 반면 임신을 조절할 수 없던 당시의 여성들이 대우혼인 상태에 있으면서 다른 남성과 성관계를 갖는다는 것은 상속 계통을 어지럽히는 일이었으므로 남성들은 여성의 성을 강력히 통제해야 했다. 즉 성에 있어서 여성에게 불평등한 계약이었다.

새롭게 등장한 권력자들은 자신의 권력이라는 것이 생존수단을 확보하는 특출한 능력에 기반하고 있었으므로 이를 다른 성원들에게 확인시키기 위해 생산노동을 더욱 열심히 수행해야 한다. 그러나 그보다 손쉬운 방법으로 거주지 내에서 권력의 영역을 확장해 가거나 다른 집단거주지를 공격하게 된다. 여기서 사로잡은 가축과 식량, 포로들은 이들의 권한과 부를 더욱 확장시키게 된다. 이들은 생산체계에서 작동하고 있는 희소성과 경제성의 원칙하에서 자신들의 권력관계를 유지하기 위해서는 재생산체계를 새롭게 강화해야 됨을 깨닫게 된다. 이는 권력자 당대의 권한과 부를 공유할 수 있는 범위를 정하는 데 필요할 뿐만 아니라 이것이 다음 세대에 분배되는 방식을 정하기 때문이다. 이에 따라 생물학적인 재생산에 대한 지배적인 사회규정으로 대우혼이 보편화되고 강화되었다.

권력과 소유가 사회적으로 제도화된 이후 여성이 대우혼에 동의한다는 것은 공동체를 위한 생산노동을 상당부분 면제받는 대신 특정 남성의 권력집단에 종속된다는 것을 의미하게 되었다. 여성은 이 집단 안에서 재생산 노동은 물론 필요에 따라서는 생산노동(이른바 가내노동)을 부담해야 한다. 해당 남성의 권한과 부가 크면 클수록 여성은 가내 생산노동으로부터 자유로웠겠지만, 생산력이 그렇게 높지 않고 자연조건에 크게 영향 받던 이 시절의 생산조건 때문에 대다수 여성은 생산노동으로부터 완전히 자유로울 수는 없었을 것이기 때문이다. 권력집단이 만들어낸 새로운 사회관계, 특히 재생산에 대한 규정은 한 사회에서 규범으로 강제되기 때문에 권한과 부가 없는 대다수의 남성들도 이러한 재생산관계 규정을 따르게 된다. 이제 남성은 여성의 성뿐만 아니라 노동까지도 지배하고 소유하게 된 것이다. 이에 따라 부계사회는 확장되고 남녀의 분업이 사회화되어 갔다. 즉 기존에 있던 자연적인 성별 분업이 새로운 생산과 재생산관계에 따라 사회적으로 불평등한 성별 분업으로 바뀌게 된 것이다.

4. 부권사회의 확대와 일부일처제의 등장

사례가 많지는 않겠지만 여성이 권력자가 된 경우를 잠깐 살펴보자. 이 경우는 기존의 모계사회에 새로이 대두된 권력의 개념이 추가된 것으로 모계에 모권이 결합된 것이다. 그런데 역사적으로 존재했던 모권사회에 대한 연구들에 따르면 여성은 집단을 외부에 대표하는 대표권과 지휘권을 가졌을 뿐, 재산에 대한 실질적인 소유와 분배의 권한은 여자의 남자형제들로부터 여자의 아들에게로, 그 아들은 자신의 누이의 아들에게 승계했다고 한다. 여성들은 모계사회에서부터 공동체를 대표하는 권한과 공동분배 제도에 익숙해 있었으므로 새롭게 대두된 사회관계에서도 지휘권과 대표권에는 쉽게 적응했을 것이다. 그러나 재산의 소유권에는 익숙하지 않았기 때문에 이런 권력의 분산이 나타났던 것으로 보인다. 모권사회의 권력 분산은 부권사회에 비교해 볼 때, 사회 조직력의 상대적인 약화를 가져왔다. 또한 모권사회 내부에서도 강력한 외부세력의 침략에 대비한 권력의 집중이 요구되었을 것이고, 주변 부권사회의 영향을 받은 남성들이 재산권뿐만 아니라 집단의 대표권과 지휘권까지 요구했을 것이다. 따라서 모권사회는 부권에 의한 외부로부터의 침략과 내부로부터의 반란으로 인해 점차 부권사회로 넘어갔다.

계급적 관점에서는 이런 갈등 이전 상태가 모계사회였고, 그 이후 부권사회가 등장했다는 점을 들어 이 갈등은 남성과 여성의 투쟁인 것으로 그리면서 여기에서 '여성의 세계사적 패배'를 언급하고 있다. 그러나 그들도 인정하듯이 모계사회에서는 권력과 소유의 개념이 없었으므로 모계사회에서 부권사회로의 전환은 남녀 간의 투쟁과 여성의 패배 때문에 생겨났다고 보기 힘들다. 남성의 생산영역에서의 권력과 소유가 발생함에 따라 남성이 일방적으로 권력을 선점했기 때문에 이러한 전환이 시작된 것이다. 어찌 되었든 이러한 전환과정을 거쳐 결과된 것은 부계에 따른 부권사회와, 인류 최초의 사회 불평등인 성 불평등의 제도화였다. 성 불평등은 앞에서도 지적했듯이 생산체계의 우위성을 사회적으로 규정하는 최초의 계기였다. 이후 여성을 지배하는 남성의 권력체계가 지속되어 왔다는 것은 재생산체계의 종속성이 유지되어 왔음을 의미한다.

불평등이 사회화되면서 증대된 부의 소유가 예전보다 더욱 집중되고 권력도 강화된다. 이러한 생산력 수준과 생산관계는 또다시 증대된 부의 소유가 예전보다 더욱 집중되고 권력도 강화된다. 이러한 생산력 수준과 생산관계는 또다시 재생산체계의 변화를 필연적으로 요구한다. 대우혼에서 남녀는 혼인상태에 따라 생산체계와 재생산체계 중 어디에 놓이게 되는가가 달라짐을 지적한 바 있다. 그러나 혼인 상태에서 생산된 자녀는 그 부모와 일생을 거쳐 재생산체계를 공유하게 된다. 그런데 여성이 하나의 대우혼을 끝내게 되면 새로운 대우혼을 시작하는지 여부에 상관없이 자녀는 남자의 상속자로서 남성의 권한하에 놓여지고 여성은 자녀에 대해 권한을 주장할 수 없게 된다. 혈연관계로 맺어진 어머니와 자식관계는 상호 보살핌이라는 재생산체계의 원리가 작동하지만, 사회적으로 규정된 바에 따르면 이들은 자원의 희소성과 경제성의 원리가 작동하는 생산체계 속의 일원들일 뿐이다. 따라서 어머니와 자식 간에는 이들 상충되는 원리가 중첩되면서 갈등과 모순이 생겨난다. 이러한 모순은 자녀가 아들일 때 더 심각하게 나타난다. 딸일 경우에는 상속자가 아니기 때문에 아마도 어머니와 함께 아버지를 떠나는 방식이 생겼을지도 모른다. 그렇다 하더라도 혈통이 확인되기 때문에 딸의 생존이나 혼인 등에 아버지가 무관할 수는 없었을 것이므로 모순이 내재해 있기는 마찬가지였다.

이렇게 대우혼이라는 재 생산관계의 규정은 남성 지배집단이 주도하는 생산체계에 긴장을 가져다 주는 제도였기 때문에 이들은 이것을 제도적으로 고쳐야 할 필요를 강력히 느끼게 된다. 이제 필요한 것은 여성의 성을 일정기간이 아닌 일생 동안 독점하는 것으로, 이는 여성을 일생 동안 한 남성이 주관하는 재생산체계에 묶어두는 것이다. 즉 대우혼하에서 제도적으로 용납되었던 여성의 성적 자유에 따른 생산체계와 재생산체계 간의 모순을 해결하는 방안으로써 일부일처제가 등장하고 제도화된다. 지금까지의 설명이 암시하듯, 이렇게 등장한 일부일처제는 여성의 성을 한 남성에게 독점시키는 일부제의 확립을 겨냥했을 뿐, 남성은 원시사회로부터 내려온 난혼에서 크게 벗어나지 않은 상태 그대로였다. 남성의 난혼대상인 여성들은 남성에게 지배 받는 집단에 속해 있었으나 여성들 내에 불평등체계가 있었던 것은 아니었다. 따라서 어느 여성이든 상속자인 아들을 낳은 여성은 상대 남성의 상속자를 생산한 어머니로서 남성의 권력을 나누어 가질 수 있었다. 이러한 재생산관계의 규정이 사회적으로 제도화되면서 새로운 재생산규정을 필요로 하지 않았던 다른 집단에게도 이것이 규범으로 제시되었다.

나. 계급 불평등의 등장과 성 불평등

1. 생산체계 내에서 등장한 사회 불평등

생산력의 지속적인 발달은 사육하는 가축과 경작하는 농작물의 증대로 나타났다. 권력과 소유가 사회적으로 제도화되면서 거주 공동체나 씨

족들 간에 약탈과 싸움도 빈번해졌다. 싸움에 이긴 쪽에서는 노획물로서 새로운 가축과 농작물, 영토, 포로를 얻게 되어 부의 집중이 일어난다. 이렇게 해서 늘어난 가축의 관리와 소유가 사회적으로 제도화되면서 거주 공동체나 씨족들 간에 약탈과 싸움도 빈번해졌다. 싸움에 이긴 쪽에서는 노획물로서 새로운 가축과 농작물, 영토, 포로를 얻게 되어 부의 집중이 일어난다. 이렇게 해서 늘어난 가축의 관리와 사육, 그리고 농작물의 경작을 위해 포로들을 노예로 사용하기 시작했다. 즉 기존에 있던 남녀의 사회적 분업보다 더 사회적으로 뚜렷한 주인과 노예 간의 분업이 등장하게 된 것이다. 권력자와 그의 권한 내에 있는 남성들은 이제 식량 확보를 위한 노동으로부터 자유로워져서 이들은 권력조직의 강화와 용병에 우선적으로 치중하게 되었다. 이것이 가능해진 것은 이들 권력집단이 남녀 노예들의 노동력을 소유하고 처분할 수 있는 권한을 가졌기 때문이었다. 다시 말해서, 생산력의 발달로 새로운 생산관계가 나타나는데 권력집단은 새로운 사회적 관계를 공고히 만들기 위해 생산관계에서 나타난 불평등체계를 제도화시켰다는 것이다. 이것이 바로 계급 불평등의 등장이다. 계급적 관점에서는 이때부터 인류역사가 자연적이고 진화론적인 상태에서 역사 발전의 시기에 들어서게 되었다고 한다.

새로운 관점에서 사회 불평등의 변천을 연구할 때 중요하게 대두되는 문제는 계급사회로 들어선 이후의 재생산체계와 성 불평등의 변화이다. 최초의 사회 불평등으로 여성에 대한 남성지배가 일어난 것은 여성의 성을 재생산수단으로 남성들이 독점하면서부터였지만, 이때 남성이 독점하게 된 것은 여성의 성만이 아니라 여성의 노동력도 포함되어 있었다. 이런 상태에서 노예제도라는 새로운 생산관계의 출현이 재생산체계를 어떻게 규정했는가가 중요하다. 또한 재생산체계와는 상관

없이 생산적 영역에서 생겨난 노예라는 피지배계급과, 재생산 체계를 우선적으로 염두에 두었지만 생산체계에서도 적극적으로 활용되던 여성이라는 피지배집단이 지배계급이었던 남성 권력집단에게 갖는 위상을 밝혀내는 것이 중요한 과제이다.

2. 노예제사회에서 재생산체계

노예제의 출현이라는 생산체계에서의 변화는 계급 불평등이라는 생산관계에서의 변화뿐만 아니라 재생산관계의 변화도 가져온다. 부권사회로 들어선 이후 지배적인 재생산관계는 일부일처제로 규정되어 있었다. 그런데 노예를 소유한다는 것은 노동력뿐만 아니라 노예의 성도 소유함을 의미한다. 따라서 노예를 소유한 지배계급의 남성은 여자 노예와의 성관계를 통해 아들을 얻는다 해도 자신의 부를 상속시킬 필요도 없었고, 그 어머니인 여자 노예에게 권력을 나누어 줄 필요도 없었다. 이렇게 해서 얻어진 자녀는, 노예들끼리의 자녀와는 다른 지위를 가질 수 있다 해도, 결국은 또 다른 노예이기 때문에 오히려 부를 확대시키는 것이다. 반면, 지배계급의 여성은 남자 노예의 성을 소유하고는 있지만 여성을 겨냥하고 있는 일부일처제라는 규범 하에서 남자노예의 성을 자유롭게 활용하지는 못했을 것이다. 그러나 남성 권력집단에 속해 있는 여성의 입장에서 보면, 계급사회로 들어선 이후 자신의 권한하에 놓여 있는 남성의 성이 상존해 있는 것이므로 계급사회 이전에 비해 볼 때, 이들 여성의 혼외 성관계가 이루어질 가능성이 훨씬 높았다. 남녀의 차이는 있었지만, 이렇게 지배계급에 속한 남녀의 성 행태가 점차 난혼으로 기울어져 가는 재생산관계의 확장은 재생산체계의 원리인 이성애와 상호 보살핌이 지배계급의 사회관계를 주도하게 됨을 의미한다. 당시의 지배계급은 생산체계를 총괄하고 있었지만, 이들의 사회관계는 어차피 생산과정과는 유리되어 있었다. 생산노동을 하지 않던 지배계급에서 일어난 이러한 재생산체계의 변화는 생산력 발전으로 이어지지 못했다. 오히려 권력집단 내에 정통성 시비로 인한 싸움과 부패, 사치, 무리한 영토 확장을 가져오게 되어 피지배계급인 노예에게 부가되는 생산노동의 부담은 더욱 무거워졌다. 반면, 노예집단의 남성은 '보편적 가치관'에 따르면 여성의 성과 노동을 지배할 수 있었다. 그러나 주인의 허락이 없는 한 결혼할 수가 없었고, 여자 노예의 노동은 주인의 소유물이었기 때문에 실제에 있어서는 여성의 성과 노동을 통제하지 못했다. 이들이 처해 있는 생산체계에서 자원의 회소성과 경제성의 원리가 날이 갈수록 가혹하게 관철되고 있음은 물론, 이들 원리가 재생산체계에서도 그대로 적용되고 있었던 것이다. 이것을 깨닫게 되면서 이들은 자신들 집단의 사회적 존립에 위기를 느끼게 되고 이에 반발하게 된다. 그러나 피지배집단인 이들 노예의 반란은 생산력 발달에 따라 기존의 생산관계에 모순이 생기면서 일어난 진보적인 계급혁명이 아니었다. 당시의 생산체계에 규정되어 있던 생산관계 아래에서는 재생산체계의 변화에서 야기되는 긴장과 갈등이 생산력 발전으로 전환될 소지가 없었기 때문에 일어난 갈등이었을 뿐이다. 이러한 갈등의 성격 때문에 기존 생산관계의 본질적인 모순이었던 생산과정과 무관한, 그리고 신분에 의한 지배계급체제는 다음에 일어나는 모순 때문이라고 설명한다. 여기서는 이런 모순과, 기존의 생산관계와 재생산체계 간의 모순이 합쳐져서 새로운 생산관계로의 변화가 생겨난다고 보자는 것이다. 이것은 권력과 소유가 등장한 이후, 가부장적 세대공동체 중심의 사회가 전개된 과정에서도 설명되었다.

3. 노예제사회에서 성 불평등

이전부터도 소유하고 활용해 왔지만 사회적으로는 인정되지 않았던 여성의 노동은 노예제가 제도화되면서부터는 '사회적으로 필요 없는 노동'으로 확실히 규정되었다. 여성은 명실 공히 재생산만을 책임지는 사회집단으로 규정된 것이다. 이러한 각본은 사회의 소수 권력집단에게는 명분뿐인 규정이 아니라 실제에도 일어나는 상황이었을 것이다. 그러나 노예를 포함한 대다수의 사회성원은 자신들의 생존을 스스로 책임져야 함은 물론 사회의 비생산인구를 위한 생산 활동에도 참여해야 했기 때문에 이들의 생존 상태와 노동 부담은 사실상 원시사회보다 나아진 게 없었다. 다시 말하자면 대다수 사회성원에게는 노동 부담에 있어서 남성과 여성이 크게 다르지 않았다는 것이다. 그러면서도 당시 사회의 지배집단이 규정했던 지배적인 사회관계는 여성의 성과 노동을 남성의 지배하에 두는 것이었기 때문에, 이것이 '보편적인 가치'로서 사회에 통용되고 있었다.

이것을 여성의 입장에서 보면, 여성은 성 불평등만 있었던 사회에서 남성에게 성과 노동을 지배당하던 것에 더하여, 새롭게 대두된 계급사회에서는 지배계급의 남성과 여성에 의한 성과 노동통계를 추가로 받게 되었음을 의미한다. 다시 말해서 계급적인 불평등체계가 구조화되면서 여성은 처음부터 규정되었던 성적으로 불평등한 지위에 더하여 새로운 불평등의 모순을 추가로 떠맡게 된다는 것이다. 그럼에도 불구하고 여성은 사회적으로 재생산 영역에만 위치 지워진 것으로 규정됨에 따라, 가중된 생산과 재생산노동에 반해, 생산체계 내에서의 존재는 점차 사회적으로 은폐되어 갔다. 반면, 여성은 여타의 사회집단과는 다르게 사회 불평등체계의 어느 계층에서나 집단의 재생산을 위해 존재한다. 그런데 지배집단이 여성 전체를 사회적으로 열등하게 규정하면 재생산체계의 핵심 요소인 여성의 성의 사회적 위상까지도 저하시킨다. 이것은 그들의 배우자나 어머니까지 포괄하며, 사회 전체의 인적 재생산을 위태롭게 할 수 있으므로 지배집단은 재생산계통에 위치한 여성을 사회적인 여성 집단과 구분한다. 이러한 고려는 여성은 재생산 영역에 속한다는 분담논리에도 일치하는 것이다.

사 랑

여러 가지 인간관계 중에서 사랑은 가장 정서가 많이 개입된 관계이다. 그러나 그동안 사회심리학에서는 사랑에 대해 관심을 기울이지 않았다. 그것은 사회심리학자들이 사랑을 과학적으로 연구하기보다는 문학적으로나 일반경험론으로 다루는 것이 더 낫다고 생각했기 때문일 것이다. 그러나 1980년에 와서 사회심리학자들이 사랑을 과학적으로 탐색하기에 이르렀다.

1. 사랑의 정의

몇몇 연구자들은 두 친구가 서로를 잠재적으로 성적 파트너로 지각할 때 그 관계는 사랑으로 넘어간다고 주장했다. 사실 사랑에 빠지는 것은 우정을 형성하는 것과는 다른 요소에 의해 결정된다. 개인에게 사랑과 우정에 관한 경험을 기술해 보라고 하면, 그들은 사랑을 흔히 상대방의 바람직한 측면에 의해 촉진된다고 대답한다. 사랑은 우정과는 달라서 유사성과 가까움과 같은 요소에 덜 영향 받는다.
Walster E.와 Walster G. W.(1978)는 로맨틱한 사랑과 연민적 사랑이 서로 다르다고 주장했다. 로맨틱한 사랑은 격한 정서적 느낌이 그 특징이다. Hatfield와 Sprecher(1986)는 로맨틱한 사랑이란 "타인과의 결합을 강렬히 원하는 것"이라고 정의했다. 그런데 격한 정서는 정서적, 행동적 그리고 화학적 성분을 지닌다. 로맨틱한 사랑은 상대방에 완전히 흡수된 상태, 혼란스러운 감정상태로 느껴진다. 즉 다정함, 성욕, 흥분, 고통, 불안, 구원, 이타주의 그리고 질투의 감정이 뒤섞인다. 로맨틱한 사랑을 사회심리학적 방법으로 연구하기는 쉽지 않지만, Hatfield와 Sprecher (1986) 는 이를 측정하는 도구를 개발했다. 반대로 연민적 사랑은 두 사람 간의 장기적인 깊은 애정적 감정이 생긴 것을 말한다. 로맨틱한 사랑의 격정적 요소가 가라앉은 후에 연인들은 연민적 사랑을 갖는다. 가족 간의 사랑, 친한 친구 간의 사랑이 그러한 사랑이다.

2. 사랑의 여섯 가지 이론

위에서 설명한 사랑 이외에도 사회심리학자들은 몇 가지 다른 종류의 사랑이 더 있다고 주장한다. 이 이론에 관한 연구를 토대로, Hendrick C.와 Hendrick S.(1986)는 여섯 가지 종류의 사랑이 있다고 제안했고, 각 유형의 사랑을 측정하는 도구를 개발했다. 다음 표에는 이 여섯 가지 사랑을 측정하는 항목이 몇 가지 제시되어 있다.

표 1. 열성적인 형태로부터 우정의 형태에 이르는 6가지 사랑의 종류

기본적인 사랑의 유형	각 유형을 대표하는 예들
1. 격정적 사랑	우리는 첫눈에 반해 버렸다. 우리는 다소 빠르게 감정적으로 개입하게 되었다.
2. 게임-놀이 사랑	나는 때때로 나의 두 명의 여인들이 서로 모르도록 애쓰고 있다. 난 사랑의 상처를 꽤 빨리 극복해 낸다.
3. 우정적 사랑	최상의 사랑은 오래된 우정에서 자란다. 사랑은 신비한 감정이 아니라 진정으로 깊은 우정이다.
4. 논리적 사랑	비슷한 배경을 가진 사람을 사랑하는 것이 최상이다. 파트너 선택 시 중요한 것은 그/그녀가 좋은 부모가 될 것이다.
5. 소유적 사랑	내 연인이 나에게 신경을 써 주지 않으면 나는 도저히 참지 못한다. 나는 내 여인이 다른 사람과 있다고 의심되면 안절부절못한다.
6. 사심 없는 사랑	내 여인이 고통을 겪기보다는 차라리 내가 겪는 게 낫다. 내가 가진 것이 무엇이건 내 여인이 바란다면 그/그녀는 그것을 사용할 수 있다.

남성은 격정적인 그리고 게임·놀이 사랑에서 여성보다 더 높은 점수를 얻는 데 비해서 여성은 우정, 논리적, 그리고 소유적 사랑에서 남성보다 높은 점수를 얻었다(Hendrick와 그의 동료들, 1984). 로맨틱한 관계에 있는 파트너들은 그들이 느끼는 사랑의 종류상에서 서로 유사한 경향이 있다. 격정적 사랑과 사심이 없는 사랑은 그 관계에 있는 사람들이 만족한 반면에, 게임·놀이 사랑은 그들에게 불만족을 초래한다. 한 남녀관계에서 표현된 사랑의 종류가 중요하다는 것은 로맨틱

한 부부를 대상으로 한 사후 연구에서 나타났다. 파탄을 모면한 사람들은 격정적인 사랑에서 점수가 높은 반면 게임·놀이 사랑에서 점수가 낮았다.

정효택은(1994)은 Hendrick C.과 Hendrick S.(1986)의 사랑측정도구를 번안하여 한국인에게 실시하였다. 그녀는 서울에 거주하는 성인남자 356명, 성인여자 377명, 총 733명을 대상으로 조사했다. 직업별로 보면, 학생이 538명(73.6%), 회사원 119명(16.3%), 교사 41명(5.6%), 그리고 기타 직업이 33명(4.5%)이었다. 그녀는 먼저 성별에 따라 사랑 태도에 차이가 있는가를 살펴보았다.

결과를 보면 한국남자는 한국여자보다 헌신적 사랑 태도를 더 많이 갖고 있으며, 여자는 남자보다 친구 같은 사랑의 태도를 더 많이 가졌다. 열정적인 사랑의 경향은 여자보다 더 강한 것으로 나타났다. 이 연구 결과는 앞에서 기술한 미국의 연구 결과와 비슷하다.

표 2. 성별에 따른 한국인의 사랑 태도 점수

성별	사례수	사랑 태도[a]					
		격정적	게임놀이	우정적	논리적	소유적	헌신적
남	356	20.9	24.2	19.6	19.5	20.8	15.9
여	377	22.7	23.6	18.8	20.1	21.1	20.0
F값		2.6***	3.4	4.2*	2.6	0.8	108.1***

*p < .05   ***p < .001
a) 사랑 태도 점수가 낮을수록 그 사랑의 태도가 강하다.

3. 사람의 특성과 사랑의 유형 간의 관계

Hazan과 Shaver(1987)는 개인이 갖는 사랑은 그들이 아동기 때 부모와의 상호작용에 의해 크게 영향을 받을 것이라고 가정했다. 이들 연구자들은 대학생들과 신문구독자들을 표본으로 하여 그들이 가진 로맨스와 아동기 때의 자기 부모와의 관계를 조사하였다.

연구 결과 사람들이 세 유형으로 분류됨을 확인하였다. 부모와의 정서가 안정적으로 부착된 사람은 아동기 때 자신이 자기의 부모를 사랑을 베푸는 따뜻한 사람으로 지각했다고 말했다. 성인으로서 그들은 타인과 친밀해지는 것이 쉽다는 신념을 피력했고, 그들과의 인간관계도 좋았다. 그들은 문제가 없다고 보고했고, 그들의 사랑은 깊고 지속적이었으며, 그들은 이 세 가지 유형 중에서 이혼을 가장 적게 했다.

두 번째 집단인 회피적 집단은 그들의 부모가 자기를 거부했다고 말했다. 성인으로서 그들은 사람들이 자기에게 너무 가까이 다가오면 불안해하고 불신하는 느낌을 보고했다. 그들의 인간관계는 정서적으로 높음과 낮음이 반복되는 것으로 묘사되었다.

세 번째 집단은 불안/양가감정(anxious/ambivalent)의 특징을 가진 사람들이다. 그들은 부모와 혼란된 관계를 가졌다고 보고했다. 부모가 때론 사랑해 주었지만 때론 냉정하게 거부했다. 이들은 자기 파트너와 친밀해지기를 바랐지만 때론 냉정하게 거부했다. 이들은 자기 파트너와 친밀해지기를 바랐지만 사랑을 주기가 어려웠고, 자기의 여인이 떠나갈까 봐 걱정을 많이 했다.

정효택(1994)은 부모와의 애착 여부와 사랑유형 간의 관계를 분석했다. 그녀의 연구 결과를 보면 부모와 불안/양가감정으로 부착된 사람은 부모와 안정이나 회피적으로 부착된 사람보다 소유적 사랑의 태도를 나타냈다. 반면 안정적 애착 유형의 사람은 친구 같은 사랑의 태도를 보이고, 회피 애착 유형의 사람은 유회적 사랑태도를 보이고 있었다. 불안/양가감정으로 부모와 애착된 사람이 소유적 사랑을 취하는 것은 그들이 유아기 때 자신감이 결여됐기 때문인 것으로 풀이할 수 있다. 자신감이 부족한 사람일수록 질투와 소유욕이 강하여 소유적 사랑태도를 취할 수 있다.

가 족

개인사적 관점에서 볼 때 가족은 개인이 경험하는 최초의 집단이고, 가장 오랫동안 집단성원과 관계를 맺게 되는 집단이며 어느 집단이나 제도보다 지속적인 영향을 행사하는 집단이다. 또한 가족은 개인에게 가장 중요한 타인을 포함하고 아동은 가족을 통하여 사회와 연결된다. 어른에게 가족은 사회로부터의 피난처이며, 사생활의 가장 중요한 장소로써 자기완성과 감정적 만족을 위한 의미 있는 장소로 기대되고 있다. 제도적 관점에서 볼 때, 가족은 개인으로 구성된 최초의 사회집단이며 대부분의 사회에서 가장 기본적인 사회단위가 되고 있다. 또한 사회의 종류에 따라 가족의 형태나 기능은 달라질 수 있지만 가족은 가장 널리 퍼져 있는 제도 중의 하나이다. 이러한 가족의 '친숙성', '자연성', '보편성' 때문에 가족은 논의의 대상이 되지 않고, 되더라도 자칫 진부해지기 쉽고 무비판적이 되기 쉽다. 즉 가족은 우리들 대부분이 속해 있고 너무 친숙하고 익숙하기 때문에 우리는 가족에 대하여 잘 알고 있다고 생각하며, 또 가족이란 당연히 있는 것으로 간주한다. 그러나 현대사회에서 가족은 대단히 중요한 의미를 갖고 있으며 비판적 관점을 가진 사회학자들에게 관심과 연구의 대상이 되고 있다.

현대사회에서 대부분의 개인 문제는 가족관계 내에서 발생하고 있음이 밝혀지고 있다. 다시 말한다면, 현대가정은 사회구성원들에게 불만과 긴장의 근원이 되고 있다. 또한 현대사회에서 가족 문제와 사회 문제는 다양하고 복잡한 형태로 얽혀 있음이 지적되고 있다. 가족은 사회구성원을 일차적으로 사회화시키는 곳으로 사회와 연결되어 있다. 부모의 교육관은 사회의 가치관을 반영하며 또 자식을 통해 사회의 가치체계 형성에 영향을 주기도 한다. 또한 사회의 모순, 특히 계급 모순과 성(性) 모순이 가족구조와 가족관계 속에서 배양되고 또 여기에 반영되고 있다.

가. 가족구성원의 역할과 역학관계

1. 모자관계

가부장제 사회에서, 특히 우리나라에서 어머니와 아들은 매우 특이한 관계를 맺고 있다. 매우 밀접한 구조적 공생관계를 형성하고 있다. 어머니는 아들의 성장과 사회적 성공에 헌신적이며 희생적인 내조를 한다. 어머니에게 있어서 아들은 자신만큼 중요한 존재이다. 어머니의 특별한 대우와 각별한 사랑을 받고 자라 온 아들에게 '어머니'는 자신의 존재의 일부분이 된다. 이런 모자관계를 부계부권적 가족제도의 산물로서 보며 가부장적 가족관계를 공고히 하는 쪽으로 구조화되었다고 본다.

가부장제 사회에서의 여성의 지위, 특히 가족 내에서의 어머니라는 위치가 가지는 구조적 열악성으로 여성은 무력화되고 생존을 위해 남편과 아들에게 의존할 수밖에 없는 처지이다. 전통적으로 여성은 아들을 낳음으로써, 즉 아들의 어머니로써 가족 내의 위치를 굳힐 수 있었다.

아들을 낳지 못하는 여자는 쫓겨나거나 남편이 첩을 얻어도 감수하며 일생을 굴욕과 심리적 위축 속에서 살아야 했다. 아들을 통하여 '~의 어머니'라는 이름을 얻고 며느리를 얻어 봉양을 받았던 것이다.

사회, 경제적으로 아무런 생존능력이 없는 어머니에게 아들은 생존의 기반을 의미한다. 아들의 사회적 성취를 통해 어머니의 사회적 지위가 경제적 안정, 특히 노후의 안정된 생활이 보장되기 때문에 아들에의 헌신과 희생은 일종의 투자이다. 아들은 또한 어머니의 감정의 대상이다. 남편과의 친밀한 관계가 제도적으로 방해 받던 수직적 대가족제도에서 어머니의 사랑의 대상은 아들이었다. 현대사회에서도 직장일로 바쁜 남편의 아내들이 또 남편에게 사랑 받지 못한 아내들이 그 보상으로서 자녀에 집착하고 있다. 이런 구조의 산물은 아들에 대한 어머니의 헌신적이며 희생적인 사랑이며 여인 간의 감정적 유대보다 훨씬 강한 모자간의 감정적 유대관계이다(조혜정, 1990). 이런 모자관계는 다른 가족관계, 특히 고부관계와 부부관계에 연결되어 이런 관계를 구조화한다. 고부관계와 부부관계를 논의하기 전에 부모가 딸과 맺고 있는 관계에 대하여 알아보자.

2. 모녀관계와 부녀관계

모녀관계와 부녀관계는 부계부권적 가족관계에서 구체화되는데, 아들과 딸에 대한 부모의 차별적 태도는 이런 가족관계에서 형성되며 이런 관행을 통해 가부장적 가족제도는 유지, 강화된다.

먼저 아버지의 딸과 아들에 대한 태도가 다르다는 것을 지적할 수 있다. 아버지는 아들을 자신의 후계자이며 가문을 잇는 부계 부권의 주체자로 보기 때문에 아들에게는 엄하고 합리적으로 대한다. 그러나 딸은 결국 남의 식구가 될 자식이기 때문에 아들만큼 지적, 도덕적 또는 사회적 훈련을 시키고자 하지 않고 이 사회가 요구하는 여성, 즉 정서적 존재로 키우려 한다. 그리하여 아버지는 딸을 예뻐하고 보호하면서 가부장제에 순응하는 여자로 만든다. 이런 아버지 밑에서 아버지, 상은 딸에게 남성상의 모형이 되고 아버지같이 예뻐해 주고 보호해 주는 남자를 남편으로 선호하게 된다.

어머니의 딸에 대한 태도는 매우 이중적이다. 한편으로 여성으로서 자신과 같은 운명을 지고 살아야 할 딸에게 한없는 연민을 느낀다. 그러나 다른 한편으로는 결국 남의 식구일 수밖에 없는 딸에게 아들에게 느끼는 든든함을 느낄 수 없다. 또한 자신의 미래를 맡길 수 없기 때문에 아들만큼 유대감을 가질 수 없다. 따라서 자원이 한정된 상황에서 어머니는 아들을 위해 딸을 희생시키는 데 앞장서게 된다. 이런 어머니 밑에서 딸은 여성 억압을 구체적으로 경험하며 아들이 갖는 어머니 상과는 다른 어머니 상을 갖게 된다. 그러나 딸은 또한 어머니의 아버지와 아들 그리고 자신에 대한 태도에서 가부장적 규범을 내면화하게 된다. 결국, 어머니와 닮은 애증의 관계를 형성하면서 부계부권적 가족관계를 유지하는 역할을 한다.

이러한 부녀관계와 모녀관계는 부모가 딸에게 부과하는 모성 역할에서 구체적으로 나타난다. 특히, 분배해야 할 자원이 한정되고 생존이 위협 받는 상황에서 딸은 주부와 마찬가지로 가족의 생존을 위해, 또 오빠와 남동생을 보살피기 위해서 일차적으로 희생이 된다. 중산층 이하의 가족과 기층가족에서 이런 현상을 흔히 볼 수 있다. 오빠와 남동생을 공부시키기 위해서 누이들은 공장에서 고생하고 있다. 엄마 없는 조카를 키우기 위해 여동생의 사회적 활동과 결혼은 제약 받고 있다. 또 주부 없는 가정의 딸은 살림의 책임을 지며 교육과 사회적 활동의 기회를 제한 또는 박탈당하고 있다. 이러한 딸 억압은 '여성＝가정'이라는 이념하에 이루어지고 또 정당화된다. 또한 딸의 희생은 가족이라는 미명하에 은폐되고 또 미화되고 있다. 즉, 부모는 딸에게 여성 역할과 순종적 태도를 가르치고 위기 상황에서 성 역할을 강제함으로써 딸을 통제하고 무력화한다. 이러한 과정을 통해 부계부권적 가족제도는 재생산된다.

3. 고부관계

최근의 가족에 대한 조사에 의하면 전통적인 주부의 고민인 고부 갈등이 여전히 요즈음 주부들의 고통이며 가정불화의 큰 원인이다. 그러면 시어머니와 며느리의 관계가 왜 전통적으로 갈등으로 점철되어 왔는지 고부관계의 본질을 분석함으로써 알아보기로 한다.

고부관계 또한 앞서 말한 대로 부계부권적 가족제도의 틀 속에서 이해할 수 있다. 고부갈등은 남녀의 권력관계 중 가장 적대적인 관계였다. 여성이 결혼과 더불어 남성가족의 일원으로 편입하여 들어가는 구조에서 며느리는 가족의 권력위계 서열에서 가장 낮은 위치에 처하게 되며 아들을 통해 권위와 권력을 얻는다. 이런 구조에서, 앞서 말한 대로 아들은 어머니에게는 생존의 기반이며 애정의 상대였다. 이런 관계에 위계된 며느리는 시어머니에게는 경쟁 상대이다. 더구나 가족 권력의 위계 서열로 볼 때, 며느리는 시어머니에게는 경쟁상대이다. 더구나 가족 권력의 위계 서열로 볼 때, 며느리는 시어머니가 권력을 행사할 수 있는 단 하나의 대상이 된다.

이런 구조 속에서 고부 갈등은 시어머니의 며느리에 대한 일방적 억압의 형태를 띤다. 시어머니의 며느리에 대한 억압은 여성에 대한 남성의 억압을 의미한다. 왜냐하면 시어머니는 가부장권을 수호하는 대변인으로서 며느리와 대치되고 있기 때문이다. 시어머니의 며느리에 대한 억압은 남성에 의한 여성 억압을 은폐하고 보장하는 기능을 한다. 고부 갈등은 남성 중심적 사고구조로 생각할 때, 여자끼리의 암투로 해석되기 쉽다. 그러나 시어머니는 남성을 대신하여 억압적 구조에 대한 며느리의 저항을 막는 역할을 한다. 이러한 구조는 여성끼리의 적대관계를 불가피하게 하며, 따라서 여성의 집단의식의 형성을 구조적으로 차단하고 있다. 억압적 전통의 약화와 여성들의 권력 신장으로 인한 며느리의 지위 향상과 부부중심 핵가족형태의 대세는 고부관계의 양상을 변화시켰다. 그러나 부계부권적 가족제도가 지속되는 한 시어머니와 며느리에 대한 권리 주장과 모자의 유착관계는 구조적으로 불가피하다. 이런 의미에서 우리 사회의 고부관계는 구조적으로 갈등적일 수밖에 없다.

현대의 합리적 교육을 받은 남편은 적어도 머리로는 어머니(또는 아버지)의 아내에 대한 사고방식과 태도가 옳지 않다는 것을 알고 있다. 그러나 자신의 권력의 기반이 부계부권적 가족구조에 있기 때문에 결국 남편은 부모 편에 서지 않을 수 없다. 또 어려서부터 아들로서 특별한 대우를 받았고, 부모를 부양할 책임을 주입해 온 아들로서 부모와의 갈등관계에서 아내를 두둔하기란 쉬운 일이 아니다. 더구나 감정적으로 어머니와 밀착되어 있는 아들은 어머니의 행동을 객관적으로 보기 힘들며 이성적 판단보다는 '불쌍하다'는 연민의 감정이 앞서게 된다. 더구나 어머니가 자신을 헌신적이며 희생적으로 키웠을 경우에 아들은 어머니의 아내에 대한 부당한 태도와 요구 앞에서 아내를 변명하거나 보호할 수 없다.

이러한 역학관계 속에서 전통적인 주부의 고민인 고부 갈등이 여전히 요즈음 주부들의 고통이 되고, 고부 갈등은 부부 갈등으로 비약한다. 더구나 부부중심으로 가족이 재구성되면서 가족 내의 권력관계에서 며느리가 우세해 가는 현실에서 고부 갈등과 부부 갈등의 양상은 더욱 복잡해지고 있다. 고부 갈등은 '전통'이라는 미명으로 찬양되어 온 한국 가족의 성 억압적인, 위선적인 면을 잘 드러낸다.

4. 부부관계

부부갈등은 여러 가지 현상으로 나타나고 있으며, 그 원인도 매우 다양하고 복잡하다. 그러나 그 다양성과 복잡성에도 불구하고 그 핵심은 부부간의 불평등한 권력관계라고 볼 수 있다. 부계부권적 가족제도에서 부부관계는 남편 중심적 구도로 이루어져 간다. 먼저 결혼과 가정이 남녀의 삶에 차지하는 의미와 비중은 다르다. 결혼에서 여성에게 가장 중요한 것은 가족과 남편을 둘러싼 모든 관계이다. 남편은 여성의 삶의 중심에 놓여진다. 그러나 남편에게 있어서 삶의 중심은 그녀가 아닌 자기 자신이다. 남편은 자신의 가문과 부모 그리고 자신의 일을 중심으로 살고 있고, 부인을 내조하는 동반자로 여긴다. 또한 가정은 남자에게는 쉼터요 권리이지만, 여자에게는 일터요, 의무이며 스트레스의 원천이다. 이러한 구조적 불평등에서 다양한 부부간의 문제가 생겨난다. 그런데 문제는 이런 부부간의 문제가 고질적인 부부 갈등으로 발전하여 부부관계를 위태롭게 하고 있다. 부부 갈등이 해결되기 어려운 구조적 배경을 부부가 서로를 이해하지 못하고, 많은 경우는 합리적인 의사소통조차 불가능한 현실에서 찾고자 한다.

부부간의 상호이해와 합리적인 의사소통은 부계부권적 가족구조에서 다양한 기제를 통해 불가능해진다. 남편이 가지고 있는 왜곡된 여성관이 부부간의 상호 이해를 불가능하게 하는 심각한 구조적 요인이라고 본다. 왜냐하면 이러한 여성관은 구조적으로 위에서 논의한 모의관계에 의해 형성되었기 때문이다. 모자관계가 아들의 '남성'으로의 사회화라는 기제를 통해 부자관계를 구체화하고 재생산하며 또한 부부관계의 성격을 규정하고 있다.

모자관계와 부부관계가 어떻게 연결되어 있는지 남성의 여성관 형성 과정을 중심으로 살펴보면, 어머니는 자신의 삶의 기반으로서 남성권력을 공고히 하고자 하며 이런 노력의 일환으로 아들을 '남자'로 사회화한다. 즉 어머니는 아들을 시대에 맞는 유능한 '남성'으로 만들어 부계부권을 이어받게 한다. 이러한 과정에서 나타나는 어머니의 아들에 대한 특별한 관대함이나 희생적이며 헌신적 태도는 아들을 이기적 존재 내지는 자기중심적 존재로 만들고 있으며, 이런 모자관계를 통해 아들은 남성 우월주의를 체질화한다. 아들은 자기중심적이며 때로 이기적인 행동이 허용되었고, 모든 것이 늘 그를 위해 준비된다. 또한 그는 가정일과 가족관계에 크게 신경을 안 쓰고 늘 요구를 해도 된다. 자라면서 이런 것이 체질화되어 모든 여자에게, 특히 아내에게 같은 행동 유형 같은 기대감을 갖게 된다. 이런 모자관계에서 아들은 모자관계를 남녀관계의 전형으로 받아들이게 된다. 헌신적인 어머니의 모습은 여성상으로 직결되고 모성적 사랑을 여성적 사랑의 전형으로 본다. 즉, 남자는 여성의 사랑을 모성적 사랑으로 규정하여 어머니가 늘 받아 주듯이 아내가 어머니와 같은 역할을 하기를 기대한다(조혜정, 1990). 어머니가 아들에게 하듯이 아내가 남편이 사회적 일을 아무 걱정 없이 하도록 아이와 부모를 돌보며 가사노동 그리고 비서노릇까지 즐거운 마음으로 하는 것을 남편에 대한 아내의 사랑이라고 한다. 여자가 남자에게 사랑을 고백하면 남자는 사랑 속에 그런 모든 내조가 당연히 포함된다고 생각한다. 이렇듯 아들이 어머니의 권력기반인 현실에서 이런 권력관계를 중심으로 형성된 모자의 고착관계는 어머니에 대한 환상을 배양시키고 남성의 여성에 대한 왜곡된 가치관과 태도를 형성시킨다.

이러한 왜곡된 남성의 여성관은 남성과 여성 간의, 부인과 남편 간의 또 부모와 자식 간의 상호 이해를 어렵게 한다. 어머니에 대한 환상은 개인여성으로서의 어머니가 경험하는 구체적이며 현실적인 어려움을 간과케 하고 있다. 남편은 부인의 고통을 이해하지 못하고 있다. 그리하여 가사를 분담하고자 하는 여자들과 자기 일에 몰두하느라 가사와 남편에게 소홀히 하는 여자들, 그리고 시부모를 안 모시려는 여자들을 '사랑이 없는', '이기적'이고 '편의주의적인 여자'로 간주하며 이런 여성에게 실망한다. 여성의 헌신과 복종에 젖은 남성들은 불공평하고, 따라서 부당한 현실에 대한 여성의 정당한 발언과 분노를 ' 소갈머리 없는' 소행으로 오히려 비난한다. 남성들은 여성들이 겪는 문제를 단지 시시한 것, 하찮은 것으로 간주하는 경우가 허다하다. 여성은 이러한 불평등한 가족제도 속에서 개인 남성을 통해, 의도적이건 구조적이건, 자신이 억압받고 무력화되어감에 분노하며 남편과 상호 소통이 불가능함을 깨달아 간다. 그럼에도 불구하고 대부분의 여자들은 이런 결혼을 마무리 짓지 못하고, 그 속에서 분노를 해소하며, 체념하고 적응하며 살고 있다. 남편의 폭력이나 외도도 때로는 눈감거나 참아야 하며, 고통을 울화병의 형태로 전환시키거나 외도로 잠시 해소하거나 자식에의 집착으로 전이시키고 있다.

부부간의 불평등한 권력관계는 부계부권적 가족제도에 내재되어 있다. 그렇기 때문에 부부간의 문제와 갈등은 부계부권적 가족제도의 불가피한 결과로써, 이런 가족제도가 지속되는 한 영원히 계속될 수밖에 없다. 이조시대와 같이 경직된 사회에서는 열등한 구조적 위치에 있는 편이 참음으로써 갈등이 전혀 표면화되지 않았다. 그러나 여성들의 사회경제적 지위가 향상된 요즈음 부부간의 갈등은 표면으로 부상하고 있다. 그리고 앞서 말한 남성의 왜곡된 여성상으로 인해 갈등은 점점 심화된다.

나. 산업화 과정에서의 한국 가족의 변화

지난 40여 년간 급격한 산업화와 도시화과정을 겪으면서 우리나라의 가족은 형태적인 측면에서는 물론, 가족관계적 측면에서도 많은 변화를 가져왔다. 여성의 노동 참여는 여성들의 결혼을 연기하도록 하게 할 뿐만 아니라 결혼 후 자녀 출산에도 영향을 미친다. 그리고 소자녀 가족의 출현은 여성들이 출산육아로부터 과거보다 빨리 벗어나게 하며, 이는 결과적으로 기혼여성의 노동 참여율을 높이기도 하였다.

1. 결혼·이혼·재혼

산업화가 본격적으로 시작된 1960년대 이래로 우리나라의 초혼연령은 지속적으로 상승하여 왔다. 1960년대 남자의 평균 초혼연령이 25.4세이던 것이 1990년에는 28.6세로 약 3.2세 높아졌으며, 여자의 경우 1960년 21.6세에서 1990년 25.5세로 3.9세 상승하였다. 지역별로 보면, 1985년 이전까지 남녀 모두에 있어 도시 지역의 농촌보다 초혼연령이 높았으나, 1985년 이후 농촌 남자의 초혼연령이 도시보다 높아지게 되었다. 이러한 변화는 농촌 젊은 여성들의 도시로의 이주가 더욱 가속

화되어 농촌의 결혼 적령기 연령층의 심각한 성비 불균형에 그 원인
이 있다.

초혼연령의 상승 또는 하락에 영향을 주는 요인들은 크게 사회적인 요
인, 가족적인 요인 그리고 개인적인 요인으로 구분하여 볼 수 있다. 즉
전쟁·경제적 공황과 같은 사회적인 요인은 결혼시기를 늦추며, 경기
호전은 결혼시기를 앞당기는 데에 기여한다. 한 사회의 산업화, 도시화
수준이 초혼 연령에 영향을 주기도 한다. 가족적 요인으로 혈통을 이으
려는 부모의 압력은 결혼시기를 앞당길 수 있으며, 반대로 가족의 생계
부양이란 가족 전략적인 측면은 결혼시기를 늦출 수도 있다. 개인적인
수준에서 부모의 사회경제적 배경, 출생순위, 교육수준, 수입, 교육 및
직업적 성취에 대한 열망 등이 개인의 결혼시기를 결정하는 데에 영향
을 준다.

여성들의 교육수준의 향상과 경제 활동의 증가는 여성들의 결혼시기를
늦추게 하였을 뿐만 아니라 이혼율의 증가에도 기여하고 있다. 여성이
경제력을 가지고 있지 못했을 때는 이혼 사유가 생기더라도 경제적 이
유 때문에 이혼을 할 수 없었으나, 최근 여성의 취업 기회의 확대는 여
성들의 경제적 자립을 가능하게 했고, 이혼이 그전에 비해 훨씬 쉬워졌
다. 이를 반영하듯이 1960년대 이래의 우리 사회에서 이혼율은 지속적
으로 증가하였으며, 특히 1980년대 중반 이후 그 증가 속도는 더욱 빨
라지고 있다. 1975년, 결혼을 100으로 볼 때 이혼은 5.8이었으나 1985년
에는 10.2 그리고 1993년에는 15.0으로 상승하더니, 최근에는 결혼한 4
쌍 가운데 1쌍이 이혼하여 이혼율에서는 선진국 수준으로까지 상승하
게 되었다.

이혼율의 증가와 함께 재혼율도 꾸준히 증가하고 있는데, 인구동태통
계연보에 따르면 1972년 신고된 전체 혼인 수 중 재혼의 비율이 5.9%

였던 것이 1989년에는 8.8%로 증가하였다. 재혼율을 성별로 보면, 남자에게서 더 높게 나타났으나 최근 여성의 재혼 증가율이 남성보다 높아서 남·녀 재혼율은 차이가 점차 줄어들고 있는 추세이다.

2. 가족·가구의 크기와 구성

우리나라 가족의 구조적 변화는 가족 크기와 가족 구성의 시대적 변화를 통하여 살펴볼 수 있다. 우선 가족의 크기를 보면 1960년대 이래로 우리나라의 평균 가족원 수는 지속적으로 감소하여 왔다. 1960년대 우리나라 가족은 평균적으로 5.7명의 가족성원을 두었으나 1990년에는 4명으로 줄어들었다. 지역별로는 도시가족보다 농촌가족의 크기가 더 급속도로 감소되었으며 1990년 인구센서스 결과는 두 지역 간의 차이가 거의 없는 것으로 나타났다. 비록 가족 크기에 있어서 도시와 농촌이 유사하다고 하더라도 가족 구성이나 가족 규모의 축소에 영향을 준 요소들이 서로 다를 수 있기 때문에 도시가족과 농촌가족이 동질적이라고 보기는 어렵다.

우리나라 사람들이 바람직하게 생각하는 자녀수는 지난 30년간 많은 변화가 있었는데, 우리 사회에 소자녀관이 지배적인 가족규범으로 정착되었다. 한국보건사회연구원에서 실시한 출산율 조사결과에 따르면, 1960년대와 70년대 초까지도 거의 95% 정도가 3명 이상의 자녀를 이상적인 자녀수라고 생각했던 것이 70년대 후반이 오면서 3명 이상은 56%로 줄고 그 대신 2명이 43%로 증가했다. 80년대에 들어서면서 2명의 자녀에 대한 선호가 3명 이상의 자녀를 원하는 경우보다 높은 비율을 차지하며, 1985년 이후에는 70% 내외를 유지하고 있다. 특히 1985년부터 1명 또는 그 이하를 이상적인 자녀수라고 생각하는 비율도 점차 높아져서 1988년에는 20%까지 상승하였다가 1990년에 들어서면서 10% 이상을 유지하고 있다.

가족의 구조적 특성을 가족 구성을 통하여 살펴보면, 산업화와 도시화와 더불어 가족 형태가 핵가족화 하였다는 것이다. 즉 사회가 산업화되고 도시화됨에 따라 가족이 직계가족에서 핵가족으로 변화하였는데, 이는 가족의 역할과 가족관계에 있어서 커다란 변화를 초래하였다.

3. 출산율

우리나라 가족의 구성이나 크기의 변화에 출산율의 감소가 결정적인 역할을 하였다. 우리나라의 경제가 급격하게 증가함에 따라 인구증가가 감소하게 되었다. 이것은 정부 주도하에 경제발전을 위하여 경제발전계획과 함께 가족계획사업을 실시한 결과이기도 하며, 그 결과 전 세계적으로 유례를 찾아볼 수 없는 출산율을 성공적으로 줄일 수 있었다. 부부 한 쌍이 일생동안 출산하게 되는 평균 자녀수는 1960년에 6명이던 것이, 1970년에는 4.3명, 그리고 1980년에는 2.8명으로 감소하였다. 1980년대 중반부터는 인구 대체 수준인 2.0명 정도로 출산율이 감소하였으며 90년대와 200년대에는 1.6명 수준을 유지하고 있다.

1960~1965년 동안 출산율 저하는 전후 베이비붐의 자연적인 쇠퇴와 함께 결혼연령의 상승, 인공임신 중절의 증가에 의해 이루어졌으며, 1962년부터 시작된 가족계획사업의 보급은 1960년대 후반 이후 출산율 감소에 결정적인 역할을 하였다. 1980년 ~ 1990년대에는 전후 베이비붐동안 출생했던 여성들이 가임기에 들어서면서 여성의 연령구조가 출산율을 높이는 쪽으로 작용했음에도 불구하고 출산율은 지속적으로 감소하였다. 이것은 피임약의 사용과 인공임신 중절의 증가

가 중요한 역할을 하였다.

4. 여성의 경제활동 참여

남성과는 달리 여성의 경제활동은 결혼, 출산 등과 같은 가족인구학적 요인들과 밀접하게 관련되어 있다. 여성의 경제활동 자체가 결혼이나 출산에 의해서 영향을 받기도 하지만, 여성의 경제활동은 초혼연령을 높이고, 출산율을 줄이며, 경제적 능력에 따른 이혼율이 증가하였다. 1960년대 본격적인 산업화가 시작되면서 남성의 경제활동 참여율은 대개 75% 선에서 비교적 안정된 비율을 유지한 반면, 여성의 경제활동 참여율은 1960년 26.8%에서 꾸준히 상승하여 1995년 48%를 넘어서고 있다. 경제활동인구 중 여성이 차지하는 비율도 1960년 29%에서 1995년 40%로 상승하였다. 기혼여성 가운데 취업자의 비율도 1983년 34%에서 1992년 41%로 증가하였으며, 미혼여성 가운데 취업자의 비율도 1983년 34%에서 1992년 42%로 기혼여성과 비슷한 비율로 증가하였다. 여성 경제활동 인구가 이와 같이 증가하게 된 데에는 노동수요와 노동공급 두 측면이 여성 노동력을 필요로 하는 방향으로 작용하는 결과라고 볼 수 있다.

노동수요의 측면에서는 산업구조의 고도화로 3차산업 부문에 여성에게 적합한 많은 직종이 창출되었으며, 2차산업 또한 상당 부분이 자동화, 전산화되어 남성의 근력에 대한 의존도가 낮아져서 여성들도 진출할 수 있게 되었고, 직무상태가 다양화됨에 따라 기혼여성들도 가정과 병행하여 경제활동을 할 수 있는 기회가 많아졌다. 더욱이 정부 차원에서 남녀차별을 금지하는 남녀평등 고용법의 제정, 실시로 기업에서도 여성 노동력의 활용방안에 관심을 갖게 되었다.

노동공급의 측면에서는 지난 30년간 여성의 교육수준의 향상은 양질의 노동력을 제공할 기반을 마련하였을 뿐만 아니라 여성 자신들의 자아실현 열망과 능력 개발에 대한 관심을 높게 하여 여성들의 사회생활 참여를 촉진하였다. 여성의 경제활동에 가장 큰 장애로 작용하였던 자녀 출산과 양육의 문제도 출산 자녀수의 감소로 양육에 필요한 절대적 시간이 줄어들었으며, 각종 가전제품의 보급은 가사노동 시간을 줄여줌으로써 여성의 사회활동 여건의 마련에 긍정적으로 작용하였다. 또 다른 요인으로 가정에서 필요로 하는 많은 재화와 서비스가 시장에서 구입할 수 있게 됨에 따라 화폐 소득에 대한 필요가 그 어느 때보다도 높아져서 여성의 경제활동에 대한 필요를 증대시켰다.

5

결혼과 도덕

결혼이란 인간이 만든 제도 중에서 가장 아름답고 모범적인 제도라고 할 수 있다. 그리고 사회의 가장 기본적인 구성원인 가족의 시발점이 되는 것이다. 개성이 다른 두 이성이 한집에서 공동생활을 하며 같은 목표를 세우고 같은 결과를 향해 나아간다는 것은 인간의 삶을 가치 있게 하는 중요한 삶의 방법인 것이다. 결혼에는 세 가지 의미가 부여 되는데 생물학적 의미, 사회적 의미와 정신적 의미가 바로 그것이다. 종족 보존을 위한 성적 결합을 결혼의 생물학적 의미라고 볼 수 있다. 성적 결합에 의하여 자녀가 탄생하고 가정을 완성하게 되는 것이다. 결혼의 사회적 의미로는 인간적인 질서 속에 참여하며 사회제도에 적 응하는 것이다. 결혼이 갖는 정신적인 의미는 두 남녀가 사랑의 공동 체를 이루게 됨을 말한다. 즉 남녀 간의 정신적 애정이 바탕을 이루어 서로의 인격을 존중하게 됨을 말한다. 결혼생활에서 최선의 사랑, 최대 의 행복을 실현하고자 하는 노력은 당연하고 엄숙한 요구라고 할 수 있다. 여성은 결혼을 통하여 한 사람의 아내로서, 한 가정의 주부로서, 또한 자녀의 어머니로서 자격과 의무를 지니게 된다. 이 위대한 자격 을 충분히 누리고 신성한 의무를 충실히 수행하기 위해서는 끊임없는 지성과 미덕이 뒷받침되어야 할 것이다.

전통과 단절된 세대를 사는 현대의 젊은이들은 흔히들 결혼을 통한 성관계의 중요성을 망각하는 경향이 있다. 낭만적인 사랑에 빠진 청춘 남녀가 결혼의 그날까지 인내하지 못하고 순간적인 성충동에 의해서 성급한 혼전 성관계를 가지고 있음을 무시할 수 없을 정도가 되었다. 그들은 그러한 행위에 대한 근거를 서로 사랑하고 있고, 머잖아 결혼할 것이라는 미묘한 전제로 자기들을 변호하는 것을 볼 수 있다. 그러나 이는 성 자체에 대한 무지에서 기인된 어리석은 생각이라고 할 수 있다. 분명히 성은 인류사회에 있어서 결혼보다 더 본질적인 것이고, 결혼이란 성에 기초를 둔 남녀 간의 평생에 걸친 상호결속임에 틀림없다. 그런데 평생에 걸친 상호결속으로서의 결혼의 성격은 성적인 욕망 그 자체에 근거한다기보다는 성 자체의 문제가 되는 불완전한 결합이라는 본성 위에 근거한 것이다. 흔히 낭만적인 사랑에 빠져 있는 사람들은 자기들만큼은 영원히 불화하지 않을 것이라는 착각 속에 빠져드는데, 이는 성적 본성이 강한 결속력을 가지고 있지만 동시에 상호 증오와 혐오적인 요소도 내포하고 있다는 사실에 대한 무지에서 기인한다.

결혼제도가 인간사회에 나타나게 된 이유도 사회생활의 질서와 안정, 그리고 부부의 영속화를 보장하기 위해서였을 것이다. 생물학적 관점에서 볼 때, 성은 결혼보다 더 절실할지 모른다. 그러나 성욕을 부여받은 인간은 결혼을 통해서만 성관계의 참된 의미를 발견하게 된다. 사랑의 절대화라는 허구에 기만될 때 우리는 성관계에 있어 결혼의 중요성을 간과하게 될 위험이 있다. 오히려 사랑은 삶의 현장에서 끊임없는 노력으로 창조되어야만 한다. 창조되는 사랑만이 귀하고 의미 있는 것으로서 그것은 감정의 영역과 환상의 영역에 속한 것이 아니라 전인격적이며 실제의 영역에 속한 것이다. 결혼이란 이와 같은 전인격적인 사귐을 목표로 한 공동출발이다. 결혼을 통하여 남자는 공동생활을 위한 책임을 안전히 지게 되며, 여자는 헌신적인 봉사의 태세가 갖추어지는 것이다. 결혼을 통한 부부의 전인격적인 결합은 서로간의 정신생활에만 국한되는 것이 아니다. 일상생활의 모든 사건, 즉 기쁠 때나 슬플 때, 영화로울 때나 고난 받을 때, 건강할 때 등의 모든 경우에 영광과 짐을 나누어 갖는 것이다. 결혼이야말로 반대의 성을 가진 두 사람이 성적인 결합을 통해 이루어지는 영속적인 친교의 관계를 기꺼이 허용하고 확립시키려는 달가운 마음의 결정이다. 또한 결혼은 여러 증인들 앞에서 서로의 인격적 결속을 다짐하는 성스러운 서약을 통해 공식적이며 윤리적인 성관계를 부여받으면서 부족한 부부의 결속을 공고히 하고 완성시키기 위한 필수적인 것이다. 결혼이 갖는 바로 이러한 의의와 가치를 충분히 인식하지 못한 상태에서의 섣부른 환상은 좋지 않은 결과를 가져올 수 있다.

6

여성해방과 성의혁명

섹스(sex)라는 단어는 라틴어의 동사 secare(단절하다, 분리하다)라는 어원에서 나왔는데 섹스라는 단어가 본래 의미하듯이 유사 이래 남자와 여자는 성적으로나 사회적으로나 철저히 분리되어 왔다. 이러한 남녀 분리현상은 인쇄기술이 발명되었던 1460년경 이후의 근대 서구 산업시대에 특히 현저하였다. 중세시대에는 남녀의 분리가 그렇게 심하지 않았으며 프라이버시(privacy)가 개인의 중요한 권리로 간주되지도 않았다. 중세의 집 구조는 복도나 방의 칸막이(벽)가 없었으며 하나의 방으로 된 집안에서 부부, 어린이, 친척, 방문자 등이 함께 잠을 잤다. 이러한 상황에서는 성행위가 다른 일상사와 특별히 구별되지 않았으며 성에 관한 언어도 추하다거나 비밀리에 속삭여야 하는 것이 아니라 일상회화의 한 부분이었다. 어린이는 가정에서 어른과 분리된 생활을 하는 것이 아니라 어린이가 7세 정도가 되면서부터 어른의 생활영역에 통합되었다. 따라서 중세의 그림에서 자주 볼 수 있듯이 어린이는 어른과 같은 의상을 입었으며 단지 작은 어른으로 묘사되었을 뿐이다.

그러나 인쇄기술이 발명되면서부터 인간의 생활은 보다 가시적인 것이 되었는데 이를 남들에게 불가시적인 것으로 만들기 위하여 프라이버시를 도입하였으며 이에 따라 생활의 분리화가 생기게 되었다. 집

구조는 복도와 벽을 도입하여 방안이 밖에서 보이지 않게 하였으며 이때부터 어린이는 어른의 생활 영역으로부터 분리되기 시작하였다. 또한 성행위도 비밀리에 하게 되었다. 성이란 숨겨야 할 것, 신비한 것으로 생각하며 남이 듣지도 보지도 못하게 긴장한 가운데 말하고 행하여졌다. 남녀의 육체적 성기관의 차이를 특별히 강조한 결과 외설과 춘화가 등장하기 시작하였다. 프로이드(Freud)가 성을 무의식에서부터 끌어올린 것은 그의 공적이지만 프로이드 역시 성이란 사회의 질서를 위협하는 화약고와 같은 것으로 간주하였다. 그의 영향에 의하여 생명의 욕구 즉, 본능의 추구는 사회와 조화를 이룰 수 없는 것으로 간주되었기 때문에 본능은 당연히 억제되어야 한다는 사고가 현재까지 사상적 주류를 이루고 있다.

피임약의 등장으로 말미암아 성의 목적이 세 가지로 분리될 수 있게 되었다. 즉 번식 수단으로서의 성, 두 사람의 친밀 또는 사랑을 도모하기 위한 성, 그리고 쾌락을 위한 성 세 가지의 목적 중에서 필요에 따라 선택할 수 있게 되었다. 종교적인 전통에 의하면 최근까지 자녀 생산만이 성의 합법적 목적이라고 주장하였다. 그러나 이상적인 부부상이 변화함에 따라 종교도 한 발 양보하여 자녀 생산뿐만 아니라 부부간의 사랑을 도모하기 위한 성도 인정하기에 이르렀다. 인류의 역사상 어느 사회에서나 성의 목적에 대한 시비가 많았다. 사회의 법의 제정자인 남자들은 전통적으로 성은 부부의 사랑뿐만 아니라 쾌락을 위한 목적도 있다고 하였다. 그러나 여자는 남자와는 달리 쾌락을 성행위의 목적으로 삼아서는 안 되고 오직 출산 또는 부부간의 사랑을 목적으로 해야 한다고 일방적으로 규정하였다. 그러나 피임약은 이러한 일방적인 규범을 깨뜨릴 수 있도록 해 주었다. 이제 여자들은 원하지 않는 임신이면 언제나 피할 수 있게 되었으므로 남자와 동등한 입장

에서 세 가지 목적의 성행위를 다 경험할 수 있게 되었다. 즉 오늘날
의 성인 남녀는 성행위를 원하는 목적에 따라 자유롭게 선택하고 추
구할 수 있게 된 것이다.

7

일본의 성 문화

일본은 성에 대해 매우 개방적인 나라다. 남녀혼탕이 있고, 누드사진이 범람하며, TV는 외설과 불륜을 쏟아 낸다. 그리고 성을 소재로 한 다양한 형태의 업종이 존재한다. 일본의 섹스산업은 불황을 모르는 전천후 산업이다. 성에 대해 이처럼 관대한 일본인들이지만 '엔조코사이(원조교제)'에 대해서는 깊은 우려를 나타낸다. 일본에서 심각한 사회문제로 대두한 원조교제는 중년남성들이 10대 소녀들과 성관계를 갖고 용돈 또는 학용품 구입비 명목으로 화대를 지불하는 것이다. 원조교제는 보통 한 번으로 끝나지 않고 지속적으로 유지된다. 얼마 전 일본 총무청이 조사한 바에 따르면 도쿄시내 전체 여고생의 4%가 원조교제 경험이 있다. 또 일본 학부모전국협의회의 조사에 따르면 전국 중학교 3학년 여학생의 17%가 원조교제에 대해 긍정적 입장이다. 원조교제는 주로 테라크라(전화방)를 통해 이뤄지는데, 도쿄 여고생들의 36%가 테라크라를 이용한 적이 있는 것으로 나타났다.

여학생들이 원조교제에 빠져드는 가장 큰 이유는 돈이다. 쓸 곳은 많은데 부모에게서 받는 쥐꼬리만한 용돈으로는 부족하다. 한 예로 일본 여학생들 대부분이 갖고 있는 휴대전화 사용료는 부모의 지원만으로는 해결할 수 없다. 이밖에 옷, 화장품 등에도 돈이 들어간다. 이 문제를 해결하기 위해 여학생들은 '아르바이트하는 기분으로' 나이 많은 아저씨를 만나는 것이다. 원조교제가 일본사회의 '가정해체'에서 비롯하는 것으로 파악한다. 가족 구성원의 개인화가 심화되고 있는 가정에서 부모는 더 이상 자녀를 통제하지 못한다. 일본에서 유행했다 하면 일정한 시차를 두고 어김없이 나타나는 우리나라인지라 원조교제 역시 어느 틈엔가 상륙했다. 용어조차 일본말 그대로 '원조교제'다. 전화방이나 일부 이벤트회사를 통해 공공연히 확산되고 있는 추세다. 최근에는 원조교제와 일일만남 그리고 동반여행을 알선하는 인터넷 홈페이지까지 등장했다. 이제 우리나라는 일본의 문화가 거의 모든 분야에서 개방된 상태이므로, 일본의 성 문화를 올바로 인식하고 급격히 사회문제로 대두되고 있는 한국 10대들의 성 문화를 이해하고자 한다.

가. 일본 여고생의 매춘

1. 여고생의 매춘 현장

① 일반 여고생의 매춘

일본의 여고생 또래의 소녀들의 매춘은 오래 전부터 암암리에 존재해왔다. 그렇지만 예전에는 매춘을 하는 여고생들은 한눈에 구별할 수가 있었다. 머리카락의 색깔을 금발이나 핑크 빛으로 물들이고 담배를 꼬나문 채 길거리에서 쭈그리고 앉아 있는 전형적인 문제의 여고생들이 매춘을 했다. 보통사람은 무서워서 접근도 못하는 부류의 비행청소년들이 매춘을 했을 뿐이다. 그러기에 여고생을 사는 남자들도 보통사람들이 아닌 깡패 같은 부류의 사람이었다. 그러나 현재 일본의 여고생 매춘은 예전과는 상황이 다르다. 극히 평범한 여고생들이 몸을 팔고 있기 때문이다. 보통 여고생의 매춘은 일본에서 급속히 진행되고 있는데 '매춘의 아마추어화'라는 현상의 일부분이다. 여고생 매춘이 일상화되어 있는 시부야와 신주쿠 오후 4시, 미니스커트로 개조한 교복에 최근 유행하는 질질 흘러내리는 양말인 루스 삭스차림의 여 중·고생들이 서너 명씩 짝을 지어 한가롭게 걸어 다니고 있다. 이와 같이 몸을 파는 여고생들도 사는 아저씨들도 보통사람과 전혀 구별이 가지 않으며, 일부만이 매춘을 하고 있을 뿐이다.

직업여성이 아니라 보통의 여성이 매춘을 하는 현상을 지칭하는 '매춘의 아마추어화'는 90년 초부터 동경을 중심으로 전 일본열도에 걸쳐 급속히 퍼진 사회병리현상이다. 이러한 타락상을 주도한 것은 여고생이었고, 이러한 타락을 조장하고 유도한 매개체는 테라크라(전화방)라고 불리는 신종 사업이었다.

② 돈을 위해 자신을 판다

일본의 여고생들이 돈 몇 푼에 몸을 파는 풍조가 일반화되기 시작한 것은 일본 특유의 극단적인 상업주의라고 할 수 있다. 일본에는 '강한 사람이 말하는 것이 정의이다'라는 속담 비슷한 말이 있다. 상업에 있어서는 '돈을 많이 버는 것이 정의이다.'라는 말로써 해석할 수 있다. 일본은 장인정신과 더불어 상인정신도 뛰어난 곳이다. 사농공상이라는 전통적인 유교적 질서는 500여 년 전, 즉 일본의 전국시대에 무너지기 시작했다. 그때부터 상인은 사무라이의 뒤를 잇는 두 번째 계급으로서 자리 잡았다고 할 수 있다.

그러나 도덕과 윤리가 동반되지 못한 상업주의가 얼마나 사회를 타락시킬 수 있는가를 여실히 증명해 주고 있다. 일본의 타락을 주도한 상업주의는 여러 방면에 걸쳐 있으나 가장 영향력이 컸던 것은 시청률 경쟁에서 적극적인 텔레비전방송과 부르세라에서 테라크라로 이어지는 여고생을 둘러싼 풍속업계라 할 수 있다.

2. 여고생의 속옷판매

① 부르세라 숍

1992년 신주쿠, 후에 매스컴에서 '부르세라 숍'이라고 이름을 붙인 새로운 업태의 가게가 탄생하였다. 영업 내용은 여성용 중고 팬티·브래지어·교복·체육복 등을 파는 것이다. 고물상으로 영업허가를 받았지만 여성용 중고 속옷 이외의 중고품은 전혀 취급하지 않으며, 여성의 속옷을 세탁하지 않은 채로 그대로 판다는 점이다. 손님들은 물론 남자들로써 주로 아저씨들이다. 처음에 이런 물건을 사가는 사람들은 그 계통의 물건을 수집하는 것이 취미인 사람, 즉 마니아의 범주를 넘어서지 않았다. 이전까지는 이러한 물건은 도둑질을 하지 않는 이상은 손에 넣을 수 없는 물건이었다. 그러나 간단하면서도 비교적 저렴한 가격에 손에 넣을 수 있다는 점이 마니아들의 전문잡지를 통해서 소개되면서 수요가 증가하고 있고, 얼마 지나지 않아 신주쿠, 시부야, 신바시 등의 번화가에 같은 종류의 가게들이 속속 오픈하게 되었다. 이 때부터 부르세라 숍의 존재가 환락가를 자주 출입하는 사람을 중심으로 서서히 일반 사람에게도 알려지기 시작했다.

이런 가게들에서 여고생들이 아르바이트를 하기 시작했다. 여고생 매춘의 제1세대 '부르세라 걸'의 탄생이다. 아르바이트의 내용은 지극히 간단했다. 탈의실에 혼자 들어가서 입고 있던 속옷을 벗어주고 돈을 받아 나오면 되는 일이다.

② '부르세라 마니아'라 불리는 사람들

'마니아'는 어떤 한 가지 일에 열중하는 일, 혹은 그러한 사람이라는 의미로 사용되는 말이다. 어떤 것을 무척 사랑하고 즐기는 사람이라는 뜻의 애호가와 같은 의미로 쓰이기도 하지만 조금 도가 지나친 사람을 가리키기도 한다. 그러나 '부르세라 마니아'처럼 그 대상이 사회적으로 도덕적으로 용납할 수 없는 것일 때는 단순한 개인적 취미로 치부할 수는 없다. 조금 도가 지나친 것이 아니라 광기를 느끼게 하는 위험한 사람들이기 때문이다. 그들은 성도착증환자 즉 변태라고 하는 사람들이다.

일본의 부르세라 숍 이용자들이 모두 변태인 것은 아니다. 이용자들이 폭발적인 증가 즉 '부르세라 붐'은 여성의 속옷에 대한 관심이 붐을 일으킨 것이 아니라 '여고생'이라는 상품이 붐을 일으킨 주역이었다. '여고생'이 성적 호기심을 자극하는 상품으로 떠오르는 시절의 산물이다. 그러나 초창기의 이용자들, 그리고 붐이 지나간 현재에 이르러서도 애용하고 있는 사람들은 '마니아'들이다. 그들은 성행위의 대상이 정상적인 사람과는 다른 사람들이다. 그들은 여성 자신이 아니라 성행위와 관계없는 여성의 신체 부위(입술, 다리 등)에만 관심을 갖거나 여성의 체취가 남아있는 물건에 흥분을 하는 사람들이다. 이런 사람들을 '페티션 변태'라고 부른다.

③ 제2세대 '직접 판매파'

제1세대인 부르세라 걸은 어느 정도 창피를 아는 세대였고 잘만 이끌면 선도될 수 있는 세대였다. 그러나 더욱 더 파렴치한 제2세대가 등장한다. '직접 판매파'의 등장이다. 사진을 첨부하는 서비스는 부르세라 전성시대를 몰고 온 것이 아니라 부르세라 업이 몰락으로 향해 가는 첫걸음을 의미했다. 여고생들은 이왕에 사진까지 공개할 바에는 직접 팔겠다는 생각을 갖기 시작한 것이다. 고객들은 결국 부르세라 숍으로 모이게 되어 있으므로 가게 앞에서 서성이고 있다가 가게 안으로 들어가려는 손님을 붙잡고 직접 판매를 시작한 것이다. 고객 즉 아저씨의 입장에서는 확실한 물건을 살 수 있고, 여자애 얼굴도 확실히 볼 수 있고, 또한 때에 따라서는 자기 앞에서 직접 벗어주는 최상의 서비스를 받을 수 있으므로 마다하지 않았다. 손님의 경우에도 수동적으로 가게에 전시된 상품을 고르는 것에 만족을 못하는 사람들이 나타나기 시작하였다.

일본인들은 남녀노소, 어느 시대를 불문하고 이런 경향 즉 '남들이 다 하는 일은 괜찮다'라는 사고방식에 지배를 받고 있다. 선악의 판단이 스스로가 내린 절대적인 판단에 근거한 것이 아니라 다른 사람의 눈에 의해 판단되는 사회는 이렇게 급속하게 타락의 길을 걸을 수밖에 없다는 것을 보여주는 사례이다.

나. 매춘의 거래 경로

1. 데이트클럽의 매춘 제1세대

팬티 한 장을 부르세라 숍에 팔 때에는 3천 엔 정도 밖에 못 받았으나 직접 판매를 하면 1만 엔 정도를 받을 수 있다는 이점을 알고 나서는 직접 판매를 하는 여고생들이 급증하기 시작하였다. 여고생들이 손님들과 직접 접촉을 하게 된 것은 큰 의미를 갖는다. 손님인 아저씨의 유혹에 넘어가 내친 김에 몸까지 파는 아이들도 나타나기 시작했기 때문이다. 부르세라를 이용하던 여고생들은 이제 팬티가 아니라 자신의 몸을 상품화하는 방법을 알게 되면서 본격적으로 매춘을 하는 제3세대의 여고생, 즉 매춘 제1세대 여고생들이 탄생하였다. 이것이 제2세대 직접 판매파의 등장이 미친 가장 큰 후유증이다. 이에는 또한 매스컴들이 부르세라 보도에 그치지 않고 일부 여고생들은 매춘까지 한다는 보도를 대대적으로 행한 것도 큰 역할을 했다.

중학생 시절부터 데이트클럽에 나가기 시작하고 기회만 닿으면 속옷을 벗어 팔고, 언제든지 자신의 누드사진을 팔 준비가 되어 있고, 돈만 많이 준다면 몸까지도 팔겠다는 그녀들, 수치심이나 윤리 의식은 어디에서도 찾아볼 수 없는 '매춘 제1세대'의 등장이다. 여고생들이 본격적으로 매춘을 시작했을 때 처음 이용한 것은 데이트클럽이라 불리는 업소이다. 데이트 클럽은 물론 예전부터 있었다. 데이트라고 해서 남녀의 건전한 만남을 주선해주는 곳은 아니다. 대부분은 매춘을 알선해 주는 곳이다. 그러나 매춘을 하지 않고 건전한 남녀의 데이트 혹은 미팅을 주선하는 데이트클럽도 상당수 존재하고 있다는 점이다.

2. 전화를 이용한 만남

① 다이얼 Q2의 등장

다이얼 Q2는 1989년 말부터 서비스를 시작하였다. 처음에 NTT(일본전화공사)가 이 서비스를 시작하게 된 이유는 정보화시대를 맞이하여 정보를 제공하는 회사들(IP)이 정보요금을 쉽고 편하게 받을 수 있도록 하기 위해서였다. 시스템의 사용방법은 간단하다. 정보이용자는 090(한국의 700)으로 시작하는 다이얼 Q2의 정보회사에 전화를 한다. 전화에서 알려

주는 안내에 따라서 버튼을 누르는 등 전화를 조작하면 전화에서 정보를 들려주는 시스템이다. NTT는 일기예보, 증권시세 안내 등의 정보서비스를 상정해서 다이얼 Q2 서비스를 시작하였다. 요금은 수익자 비용 부담 원칙에 따라 전화 요금에 플러스알파로 이용자가 전화 요금과 함께 정보 서비스 요금을 지불하는 시스템이다.

그러나 서비스 코기에는 유머 정보, 영어 회화, 점성술 등 다양한 정보 서비스가 제공되었으나 점차 섹스 관련 업체들이 들끓기 시작하면서 다이얼 Q2의 이미지는 섹스와 연관을 맺게 되었고 이후로는 건전한 정보를 제공하는 업체들이 도태되기 시작하였다. 다이얼 Q2에 새롭게 등장한 섹스 관련 서비스는 크게 나누면 세 가지의 형태이다. 첫째는 예전에는 지하로 유통되던 '섹스 테이프'를 전화로 들려주는 서비스이다. 이후 이 서비스는 러브호텔 등에서 도청한 테이프를 들려주는가 하면, 진짜로 사람이 나와서 텔레폰 섹스를 해주는 식으로 변화되었다. 두 번째는 전언 다이얼이라는 서비스이고 세 번째는 투쇼트 다이얼 흔히 테라크라라고 부르는 서비스이다.

② 전언 다이얼

전언 다이얼, 투쇼트 다이얼과 함께 전체 다이얼 Q2시장의 90% 이상을 차지하는 서비스이다. 서비스의 내용은 말 그대로 전언 즉 말을 전해주는 것이다. 한국의 삐삐처럼 특정인에게 메시지를 전달하는 기능뿐만이 아니라 불특정 다수의 사람에게 메시지를 들려주는 기능도 갖고 있는 서비스이다. 남자의 메시지가 여성에게, 여성의 메시지가 남자에게 전달되는 것이 99%라고 보면 된다. 전언 다이얼의 전화내용 중에는 원조교제가 차지하는 부분이 대부분이다. 몇 년 전부터 일본에서는 원조교제라는 말이 극히 일상적인 용어로서 사용되고 있다. 원조교제의 뜻은 단순히 매춘이라는 뜻이다. 즉 여성이 원조교제를 원한다고 하는 것은 몸을 팔겠다는 뜻이고, 남자가 쓰는 경우에는 여성을 사고 싶다는 말이다.

이후, 데이터클럽이나 전언 다이얼에서는 매춘을 지칭하는 말로 '원조교제'가 빠르게 보급되었다. 매춘이라는 말을 쓰면 형법이나 매춘 방지법에 저촉되므로 이전에도 매춘을 대용하는 말들은 많았었다. 원조교제라는 말이 쓰이기 전에는 '딱 부러진 관계'라는 말을 쓰기도 했었고, '새로운 물건 사고 싶은데 돈이 부족합니다.'라는 식으로 돌려 말하기도 했다. 그러나 원조교제라는 말은 어감이 좋다는 점 이외에도 누구나 들으면 무슨 뜻인지 눈치를 챌 수 있는 말이라는 장점 때문에 순식간에 일본 전체로 확산되었다.

③ 전통 테라크라

'테라크라'는 텔레폰 클럽의 일본식 영어발음인 '텔레폰 크라브'의 줄임말이다. 전통적인 테라크라 서비스는 다이얼 Q2라는 새로운 서비스가 탄생하기 이전부터 존재했었다. 그러나 NTT의 새로운 서비스를 도입한 신형 테라크라 즉 투쇼트 다이얼은 여고생 매춘, 나아가서는 아마추어 매춘의 폭발적인 붐을 일으키는 기폭제 역할을 하였고 현재는 모든 아마추어 매춘을 상징하는 대명사로서 자리잡기에 이르렀다. 테라크라 숍은 칸막이가 쳐진 조그만 개별실이 잔뜩 늘어서 있는 업소라고 생각하면 된다. 각각의 개별실에는 전화와 메모를 할 수 있을 정도의 자그마한 책상이 놓여져 있다. 각각의 전화는 가게의 자동전화 교환기에 의해 밖에서 여성에게 걸려온 전화가 무작위로 숍 안에 있는 남자에게 연결된다. 처음부터 매춘의 상대자를 찾는 용도로 이용되었기 때문에 대부분의 전화가 3, 4분 이내에 끝나는 것이다. 대화 중에 원조액을 정하기도 하지만 대부분은 만나서 얘기를 한다. 장소는 번화가라면 어디나 있는 만남의 장소로 정하며 서로의 간단한 복장이라든가 특징을 얘기하므로 대부분은 헷갈리는 경우 없이 금방 만날 수 있다. 또한 여성은 테라크라 숍에서 가까운 곳에서 전화하는 경우가 대부분이므로 전화가 끝난 후 10분 이내에 만날 수 있는 경우가 많다. 만나 본 후, 서로의 기대 수준을 크게 벗어나지 않으면 바로 근처의 러브호텔로 직행하여 볼일을 본다.

테라크라 숍은 매춘을 강요 또는 알선을 한 사실이 없으므로 법률적으로 아무런 문제가 없다. 또한 일본은 대부분의 선진국이 그러하듯이 법률적으로 문제가 없는 일을 여론이라든가 국민 감정 등을 동원하여 단속하는 경우는 없다. 테라크라는 여성들은 자신의 신분이 노출되는 경우가 없이 돈이 필요할 때 얼마든지 원조를 받을 수 있다는 장점 때문에 데이트클럽보다 번성할 수 있었다.

④ 투쇼트 다이얼의 탄생

전언 다이얼과 테라크라는 새로운 매춘의 도구로 자리 잡는 듯했으나 불편한 점이 있었다. 전언 다이얼의 단점은 상당히 번거롭다는 것이다. 상대방과 직접 전화로 이야기하는 것이 아니므로 상대방을 만나기 위해서는 메시지의 교환을 통하는 수밖에 없다. 상대방의 메시지를 듣고 답신을 보내고 다시 답신을 듣는 과정을 여러 번 반복해야만 상대방과 만나는 것이 가능하다. 간혹 남자가 자신의 전화번호를 알려주는 경우가 있으나, 대체로 전언 다이얼을 이용하는 사람들은 기혼자들이므로 전화번호를 공개하지 못하는 경우가 일반적이다. 따라서 복잡한 과정으로 만남을 갖더라도 전언 다이얼 시스템을 이용하며 독신자라고 하더라도 모르는 사람에게 전화번호를 가르쳐 주는 일은 꺼림칙한 일이다. 또 한 가지 문제점은 순발력이 없다는 점이다. 본인이 아무리 급한 메시지를 남겨 놓는다고 하더라도 상대방이 듣지 않는 이상 아무런 소용이 없다. 테라크라는 전언 다이얼과는 달리 상대방과 직접 통화할 수 있다는 장점은 있으나 테라크라를 이용하기 위해서는 특별한 장소에 가야 한다는 단점이 있다.

투쇼트 다이얼은 전언 다이얼 식으로 남자는 유료 다이얼로 전화를 하고 여성은 무료 다이얼로 전화를 하면 무작위로 남녀의 전화가 연결되는 것이다. 따라서 남성들은 굳이 테라크라 숍에 갈 필요 없이 집에서 여성과 통화를 나눌 수 있다. 전화를 해서 여성과 연결되지 않으면, 잠시 기다리다가 끊어 버리면 된다. 차비도 들지 않고 귀찮지도 않다. 또한 여성이고 남성이고 이용목적의 90%가 매춘이므로 전언 다이얼처럼 메시지를 몇 번이고 주고받을 필요 없이 곧바로 전화로 합의되면 만나러 가면 된다는 것이 투쇼트 다이얼의 특징이다.

다. 일본의 보통 가정

몇 년 전 한국에서는 〈애인〉이라는 TV드라마 한편으로 뜨겁게 달아올랐던 불륜 논쟁이 있었다. 윤리를 저버리는 행위이기에 가정이 있는 사람의 바람을 불륜이라고 한다. 따라서 처음부터 윤리 의식이 결여된 사람에게는 불륜이 죄악이라 생각되지 않는다. 부부관계만으로 채워지지 않는 욕망을 해결하는 혼외정사가 있을 뿐이다. 일본의 부부에게서 윤리와 애정이 실종되어 가고 있다. 가족간의 정을 대체하여 성적 쾌락이 가정의 중심을 차지해 오고 있다. 부부간의 성이 사라져 가는 섹스리스(SEXLESS)부부 현상은 일그러진 가정에 여러 형태의 타락을 몰고 왔다. 파트너를 교환하는 부부스왑과 서로의 합의하에 불륜을 저지르는 합의 불륜이 조용히 일반 가정 속으로 퍼져 나가고 있다. 젊은 주부에서 중년여성에 이르기까지 불륜을 행하고 매춘을 하는 여성들의 폭은 점점 확대되고 있다. 여성잡지는 생활정보가 아닌 성 정보를 전달하는 메신저 역할을 수행하고 있다.

1. 일본 가정의 성모랄

① 불륜의 정의

'바람'은 남녀관계에서 마음이 딴 데로 가버리기 쉬운 상태이며, '불륜'은 남녀의 용서할 수 없는 관계를 의미한다. 바람을 피운다고 해서, 즉 배우자 이외의 사람과 육체관계를 맺는다고 해서 반드시 불륜이라고는 말할 수 없다. 허용될 수 없고 용서 받을 수 없는 관계만이 불륜인 것이다. 여기에서 용서나 허용을 하는 주체가 누구인가에 따라, 즉 당사자인 배우자인지, 주위사람인지, 사회윤리인지가 문제로 남는다. 그러나 용서의 주체를 배우자로 한정해서 생각해 보기로 하겠다.

시대나 세상이 변하면 상식이나 규범이 변하는 것은 당연한 일이다. 한 시대 전까지만 하더라도 남자가 첩을 두고 외도를 하는 것은 당연한 일로서 허용 받고 용서 받을 필요도 없는 행동이었다. 당시의 사회에는 남성의 불륜이란 근친상간 정도밖에 없었다고 할 수 있다. 그러나 일제의 식민지를 겪으며 일본을 거쳐서 서양문화인 '일부일처제'가 들어오게 되었다. 일부일처제는 개인적인 성적 사랑의 결과라는 주장이 일반적으로 통용되고 있으나 매우 잘못된 견해이다. 개인적인 성적 사랑은 사회제도 혹은 관습으로서의 일부일처제가 추구하고 있는 이상에 불과하다. 일부일처제의 역사적인 역할은 적자상속, 즉 남편의 자식임에 틀림없는 사람에게 재산을 물려주는 것이었다. 그러기 위해서는 성관계는 한 남자와 한 여성의 관계로 한정될 수밖에 없었으며 혼전, 그리고 결혼 후 남녀의 절대적인 순결이 요구되었다.

그러나 일부일처제의 규범은 항상 여성에게만 완고하게 요구되는 짐이었고 남자에게는 어느 시대를 불문하고 대개는 입으로만 떠드는 구호에 불과할 뿐 적용이 되지 않았다. "남성은 여성을 '숙녀와 창녀'로 나누고 있을 뿐이다."라는 여성해방론자의 주장이 나오는 것도 수긍이 간다. 결국 바람 즉 배우자의 외도, 특히 남편의 외도는 서양사회나 동양사회나 예전부터 있어 왔으며 시대와 지역에 따라 불륜으로 인식되기도 하고 통상적인 행위로 간주되기도 했을 뿐이다.

혼전 순결이라는 것이 더 이상 미덕이 아닌 시대를 살아온 현대의 일본 부인들, 이미 육체가 성을 기억해 버린 그들에게 있어서는 성욕은 더 이상 억제의 대상이 아니다. 더구나 원하는 것은 모두 추구하고 싶다는 욕망의 순수화라는 행동이 당연시되는 현대사회에 있어서 가정 내에서 해결되지 않는 성욕을 밖에서 해결하는 여성들이 나오는 것은 시대의 흐름이라고 볼 수 있다.

② 섹스리스 부부

1922년부터 '섹스리스(SEXLESS)부부'라는 말이 일본사회에서 나오기 시작했다. 이는 배우자의 한쪽이 아프거나 신체적인 결함으로 불가능하니까 못하는 것이 아니고 하기 싫어서 안 하는 경우를 지칭한다. 섹스는 자손을 이어가는 번식행위이기도 하며 서로 사랑하는 두 사람이 사랑을 확인하는 애정의 표현행위이기도 하다. 그러나 섹스가 애정의 표현이라는 말에는 함정이 도사리고 있다. 빈번하게 섹스를 할 때는 서로 사랑하고 있다고 확인할 수 있으나 섹스를 안 하게 되면 사랑이

소멸한 것으로 느끼게 된다. 섹스를 하고 싶지 않은 데도 무리하게 하려고 하면 '의무와 연기'가 된다.

인간은 원래 동물이고 부인과 남편은 여자와 남자이기 이전에 동물적 본능이 꿈틀대는 암컷과 수컷이다. 그러나 인간과 동물을 구별하는 요소들은 얼마든지 존재한다. 섹스에 있어서도 인간은 다른 동물과는 확연히 다른 점을 보인다. 예를 들면 인간에게는 발정기가 따로 없다. 특정의 상대를 독점하겠다는 인간사회 특유의 '사랑'이 탄생하여, 인간의 여성은 언제라도 발정 가능한 상태가 된 것이라는 설이 존재하기도 한다.

섹스리스 부부와 관련 있는 인간 특유의 성행동으로 볼 수 있는 것은 동물과는 달리 인간의 섹스에는 '상상력'이 필요하다는 점이다. '보일 듯이 보일 듯이 보이지 않는 매력'이라는 말이나 화려한 팬티나 속옷, 포르노 소설의 존재 등은 인간의 섹스에 있어서 상상력이 얼마나 중요한 존재인지를 보여주는 증거들이다. 부부로서 생활을 오랫동안 같이 하면 상상력을 자극하는 것이 없어진다. 따라서 서로가 섹스에 지겨움을 느끼게 되고 섹스를 피하는 '섹스리스 부부'로 되는 것이다. 이러한 이유로 인간 사회에서 섹스리스 부부라는 것이 예전부터 존재해 왔다. 그렇기 때문에 일부일처제 사회에서는 항상 남편들의 불륜이 존재해 왔던 것이다. 단지 최근 들어 섹스리스가 주목을 받는 것은 주부들의 불륜이 눈에 띄게 증가하고 있기 때문이다.

③ 상호불륜과 부부교환

서로 간에 섹스는 밖에서 처리하는 것으로 합의를 본 섹스리스 부부의 '상호불륜 부부'라는 것이 있다. 서로간의 합의에 의한 것이므로 배우자 간에는 서로 허용하는 행위이므로 보는 각도에 따라서는 불륜이 아닐 수 있다. 미국에서 유행했던 '부부교환'은 부부간에 상대를 서로 바꾸어 성행위를 하는 것을 말한다.

2. 주부들의 성 개념

① 아마추어의 호기심

여고생들의 원조교제 즉 매춘에서 촉발된 '아마추어 매춘 붐'은 나이와 상황에 관계없이 그 폭을 넓혀 가고 있다. 여 중·고생, 백조, 여대생, OL(사무직 여성), 유부녀에 이르기까지 아마추어 매춘시장에 참여하는 사람들이 나오고 있다. 여고생 시절에 매춘을 한 여성들은 고등학교를 졸업한 후에도 매춘을 계속하는 경향이 높다. 쉽게 돈을 버는 법을 잊을 수가 없기 때문이다. 조금 나이가 들면 가격을 대폭 낮추거나 제도권의 매춘 업계에 들어가는 것이 그녀들의 '여자의 일생'이라고 할 수 있다.

가사를 돌보는 여성들이나 여대생들이 돈에 쪼들리다 못해 매춘을 하는 것은 이해가 안 되는 일도 아니지만 최근에는 사무직여성의 매춘도 늘어나고 있다. 불경기로 인해서 보너스가 대폭 삭감되어 용돈으로 쓸 수 있는 돈이 줄어든 것도 이유 중의 하나겠지만 여고생들의 생태에 대한 텔레비전의 보도도 이를 부추기는데 한몫 했다고 하겠다. 자신들의 하루 일당의 두 배를 여고생들은 두 시간에 벌고 있기 때문이다. 성실하게 살아가는 것보다 돈을 많이 버는 것이 올바른 삶이라는 전도된 가치관이 판을 치는 상황에서 매스컴들의 안이한 보도는 아마추어 매춘 붐을 초래한 결정적 이유라고 하겠다. 그리고 최근 들어서는 직장을 그만두고 아마추어 매춘시장에 참여하는 여성들이 늘어나고 있는데, 단지 매춘이 주는 좋은 수입만이 이유는 아닌 것 같다.

② '유부녀'라는 상품의 매력

결혼한 여성을 지칭하는 데는 여러 가지 단어가 있다. 가정주부, 기혼여성, 기혼녀, 유부녀 등. 이중에서 가장 경멸적인 용어는 남편이 있는 여성이라는 뜻인 '유부녀'일 것이다. 보통의 가정주부가 데이트클럽이나 러브호텔에서 몸을 판다는 것은 어디까지나 환상에 불과하였다. 대부분은 화류업계에서 일해 온 나이 든 여성들을 '유부녀'라는 새로운 포장으로 장사를 했을 뿐이었다. 그러나 몇 년 전부터는 진짜 '유부녀'들이 매춘업계에 아르바이트로 참여하기 시작하였다. 가정주부가 매춘을 한다는 것은 단지 돈을 벌기 위해서만은 아니다. '외로움을 달래고 싶다', '섹스를 하고 싶다', '다시 한번 자신이 '여성'임을 인정받고 싶다'라는 목적이 불륜으로 치닫게 하고 때때로 불륜의 부산물로써 돈을 받게 되는 관계, 즉 매춘이 성립되는 것이다. 여성의 지위가 향상됨에 따라 '섹스리스 부부'의 후유증이 여성에게도 나타나는 것이라고 할 수 있다. 따라서 대부분의 여고생이 매춘 시에 '인형'처럼 가만히 있는 것과는 달리 '유부녀'들은 적극적이며 직접적으로 대담하게 행동을 한다는 특징이 있다.

라. 흔들리는 일본 사회

거리에서 떠도는 일본의 젊은이들, 폭력과 마약은 상습의 단계를 넘어서 기호품으로 자리 잡아가고 있다. 그들은 자신들의 폭력을 '사냥'이라고 표현한다. 중년남성, 샐러리맨, 직장여성, 여고생 모두 그들의 사냥감이다. 나이키 운동화를 신었다는 것도 이제는 사냥의 대상이 되는 위험한 일이 되어 버렸다. 폭력 그 자체가 목적인 그들의 범죄를 표현하기 위해 경찰은 '유쾌범'이라는 새로운 말을 만들어 냈을 정도이다.

한때는 시너와 각성제가 불량청소년을 판별하는 척도의 하나였다. 이제는 보통의 청소년들이 마약을 하는 시대로 접어들었다. 다이어트에 효과가 있다는 풍문에 의해 여러 종류의 마약들이 불티나게 팔리고 있다. 마약 광고가 전철에 걸려 있으며 길거리에서 마약을 살 수 있다. 테크노 팝과 라이브 파티가 마약의 효과를 배가 시키는 도구로 사용되고 있다.

1. 거리의 일본 젊은이들(푸우)

일본의 15세에서 25세 사이의 젊은이들은 할 일이 없으면 거리에 나오는 경향이 있다. 거리에 나와서 술을 마신다거나 커피를 마시는 일도 좀처럼 없다. 하릴없이 거리를 배회하는 것이 그들의 일과이다. 최근의 젊은이들과 대화를 나누기 위해서 반드시 알아야만 하는 말, '푸우'는 학교도 안 가고, 일도 하지 않고, 역 앞이나 편의점, 패스트푸드점 앞에 쭈그리고 앉아 있는 젊은 남성들을 가리키는 말이다. 엉덩이가 땅에 닿을락말락할 정도로 쭈그리고 앉아서 짐승들이 자기의 영토를 표시하기 위해서 소변을 보는 것처럼 앉는 장소마다 침을 뱉어 놓는 아이들. 삐삐가 울리면 주저 없이 손에 들고 있는 캔을 집어던지고, 씹고 있는 껌은 땅바닥에 뱉어 버리고 삐삐를 꺼내 드는 아이들, 때때로 하늘에서 음악이 들려오는 듯 일어나서 춤을 추는 아이들, 21세기의 일본은 이런 아이들이 어른이 된다.

2. 스트리트 패션

할 일이 없으면 집에 있는 것이 아니라 거리로 쏟아져 나오는 최근의

'스트리트 경향'을 반증하듯이 96년 히트 상품 중에는 스트리트 관련 상품이 많았다. 휴대폰이나 삐삐 등은 거리를 배회하고 있는 젊은이들에 있어서는 필수 불가결한 물건이다. 열쇠고리형의 미니 게임기도 많이 팔렸다. 손바닥의 절반 크기 정도밖에 안 되는 소형 게임기로 화면이 작은데다가 게임의 내용도 '테트리스'밖에 없는 게임기인데도 의외로 폭발적인 인기를 얻었다. 잠시라도 짬이 나면 어디서든 즐길 수 있다는 것이 많이 팔린 원인의 하나라고 한다. 또한 워낙 작아서 수업 시간에 몰래 할 수 있다는 점도 작용을 했다.

스트리트화는 젊은이들이 모이는 장소에도 영향을 미치고 있다. 60년 대의 신주쿠, 70년대부터 근래까지는 시부야였으나 최근 2,3년 전부터는 이케부크로가 각광을 받고 있다. 이유는 거리에 공짜로 앉을 수 있는 장소가 많기 때문이다. 시부야나 이케부크로의 상점가의 주인들은 그들이 모이는 것을 달가워하지 않는다. 길거리를 쏘다니기만 할 뿐 가게에 들어오는 일이 거의 없기 때문이다. 장사가 되는 것은 맥도널드 햄버거 정도이다.

거리로 쏟아져 나온 젊은 아이들의 방약무인한 행동 때문에 나이 든 사람들은 눈을 어디다 두어야 할지 모르게 되었다. 사람들 앞에서 키스와 애무를 하는 것은 물론, 전철 내에서 태연히 식사를 하는 아이들도 있었다. 밤의 번화가에는 외벽이 거울처럼 비치는 빌딩 앞에서 댄스 연습을 하는 아이들이 자주 눈에 띈다.

96년의 스트리트 패션은 뭐니뭐니 해도 나이키의 스포츠슈즈 '에어 맥스'라고 할 수 있다. 그 인기는 선풍을 불러일으킨 단계를 넘어서서 일종의 신앙심, 광기마저 느끼게 한다. 디자인이 뛰어난 품종은 프리미엄까지 붙어서 가격이 하늘 높은 줄 모르고 뛰어올랐다. 잡지 중에서는 스트리트 관련 정보가 풍부하게 실린 '파인' 등이 인기를 얻었다.

시부야의 뒷골목에 있는 작은 레코드 점에는 랩 음악이 중핵을 이루고 있다. 미국의 힙팝의 영향 때문이다.

3. 청소년 폭력

청소년의 폭력이 날이 갈수록 심해지는 것은 전 세계적인 추세라고 할 수 있으나 일본의 경향을 보면 폭력의 대상이 가족에게까지 확대되는 것을 볼 수 있다. 일본 특유의 '아마에(어리광)'가 작용한다고도 보인다. 즉 자신이 가족에게 폭력을 가한다고 하더라도 가족이 자신을 신고할 리는 없다는 생각이다.

매년 한국에서 발생한 절도, 강도 사건의 50% 이상이 청소년들에 의한 범죄라는 통계도 있다. 일본의 청소년 범죄의 특징적인 경향은 범죄가 급격하게 흉포화하기 시작했다는 점이다. 14~19세 사이의 청소년 범죄의 발생 건수는 외형적으로 보면 수적으로는 줄어들고 있다. 그러나 그 이유는 산아제한의 영향으로 같은 연령대의 청소년의 수가 줄어들었기 때문이고 발생 비율을 보면 증가 추세에 있다. 더 큰 문제는 살인, 폭행 등 흉악 범죄의 케이스가 늘고 있다는 점이다. 이러한 청소년 범죄의 흉포화를 상징하는 말이 '사냥'이라는 단어이다. 일본은 전통적으로 농경민족으로, 기마민족인 고구려인의 피를 이어받은 한국 사람과 달리 온순한 것이 특징인 민족이었다고 할 수 있다. 학교나 직장에서 동료 중의 한 사람을 집요하게 괴롭히는 '이지메(Igime)'의 경우도 음습한 형태로 진행되는 것으로 일반적이고 직접적인 폭행을 가하는 일은 거의 없었다.

4. 마 약

청소년 범죄의 흉포화 경향도 큰 사회문제이기는 하지만 더욱 우려되는 것은 마약 등 약물의 사용이 급속히 증가하고 있는 일이다. 동경은 물론이고 인근 도시인 치바, 사이타마, 가나가와 그리고 후코오카 등에서 약물이나 각성제를 남용하여 체포·선도되는 청소년 사건이 빈발하고 있다. 청소년들 사이에서 인기가 있는 것은 '스피드'라고 하는 각성제(마약성분이 들어있음)이다.

마약의 유통 경로는 환락가나 번화가의 뒷골목에서 불법 마약을 노상에서 당당하게 파는 광경을 목격할 수 있다. 번화가의 뒷골목 이외에도 불법적으로 마약이 많이 팔리는 곳으로는 먼저 클럽을 들 수 있다. 클럽은 대부분 누군가의 주최로 클럽 전체를 빌려서 파티를 하는 것이 일반적이다. 파티의 내용은 여러 가지가 있으나 최근 유행하기 시작한 것이 바로 '레이브 파티(마약 파티)'이다. 환각을 즐기기 위해 춤을 추고 음악을 듣는 파티이므로 당연히 마약에 대한 수요가 높다. 야외 레이브 파티의 경우에도 마약을 취급하기는 하지만 많은 사람들이 모여 춤을 추기 때문에 마약 밀매업자들이 피하는 경향이 있다.

5. 테크노 음악

단조로운 전자음을 반복하는 템포가 빠른 전자음악을 '테크노 음악'이라고 한다. 지금까지는 언더그라운드 음악의 냄새가 짙었던 테크노 음악이 어느 사이에 표면으로 부상하였다. 이를 상징적으로 나타내 준 것이 96년 8월 후지산 언저리에서 거행된 야외의 테크노 음악회 '레인보우-2000'인데 이는 매년 개최되는 세계적인 축제가 되고 있다. 테크노 음악의 붐은 비단 일본만의 일은 아니다. 95년 시작되어 매년 개최되는 베를린 '랩 퍼레이드' 이벤트는 30만 명의 관객이 몰려 도시 기능이 마비되는 등 사회문제를 일으키고 있기도 하다. 영국에서는 테크노 음악과 힙팝 음악이 합해져서 히트곡을 탄생시킨 바가 있고, 일본에서도 겐 이시이, 다나카 후미야 등 세계적으로 인정받는 테크노 뮤지션이 나오고 있다.

사이키델릭 음악의 특징도 리듬과 멜로디의 단조로움에 있었다. 그러나 사이키델릭 음악은 별도로 마약을 하지 않고 그냥 들어도 괜찮은 음악도 꽤 있었으므로 그다지 해악한 음악은 아니다. 그러나 최근의 음악은 70년대의 사이키델릭 음악보다도 훨씬 음악이 단조롭다. 청소년들이 이 단조로운 음악을 좋아하는 이유는 환각 작용과 관계가 있다. 최면술사가 최면을 걸 때 시계를 눈앞에서 단조롭게 왕복시키듯이 단조로움의 반복은 인간에게 최면 혹은 환각 작용을 일으킨다.

레이브는 런던에서 출발하여 스페인의 이비사라는 섬, 인도의 고아 지방, 타이의 판간섬을 거쳐 93년경에 일본에 상륙하였다. 처음에는 개인 파티 형식으로 가끔 열리는 정도였으나, 96년 여름부터는 매주 주말이면 교외에서 반드시 열릴 정도로 성황을 누리고 있다. 라이브 파티는 일반적으로 동경 근교의 산속에서 거행된다. 소음에 가까운 음악을 귀청이 떨어질 정도로 크게 틀어대기 때문에 시내에서는 거의 불가능에 가깝다. 파티에 참가하는 것 또한 그리 쉬운 일이 아니다. 회원 모집은 잡지를 통해 모집하는 것이 아니라, 대개는 아는 사람을 통해 파티 티켓을 구입하는데, 위험도가 높은 파티는 티켓조차 발행하지 않는다.

파티는 밤 10시경부터 다음날 오후까지 지속되는 것이 일반적이다. 장엄하기만 한 산림의 자연 속에 흉포한 전자음악 그리고 광인적인 밤을 새워 춤을 추는 비현실적인 조화는 처음 보는 사람에게는 오싹하리만큼 광기 어린 분위기이다. 그리고 비공개로 하는 위험한 파티의 경우에는 누구나 쉽게 이용할 수 있도록 각성제가 여기저기 쌓여 있기도 하다. 라이브 파티의 위험성은 청소년들이 마약에 빠지는 계기가 손쉽고 폭넓게 제공한다는 점이다.

8

한국의 성 문화와 실태

하루가 멀다 하고 신문 지상에 오르내리는 성의식 결여 범죄인 '원조
교제'는 은밀하게 그러나 빠른 속도로 번져 나가고 있다. '도와주면서
사귄다'는 그럴듯한 말로 포장된 이 일본 용어는 말뜻과는 전혀 다른
매춘일 뿐이다. 흔히 매춘을 인류 최고의 직업이라고 한다. 그러나 이
직업 아닌 직업은 여성의 인격적 독립성을 근본적으로 파괴해 궁극적
으로 남녀평등 실현의 장벽으로 규정된 지 이미 오래지만 끊임없이
확산되는 추세다. 또한 매춘은 섹스 산업이란 미명으로 당당하게 자리
하면서 나이와 대상을 가리지 않고 뻗치고 있다. 사창가라는 '고전'에
서 사이버 공간을 활용한 '첨단'의 형태에 이르기까지 세기말은 온통
성욕의 배출구를 찾기 위한 몸부림으로 가득한 듯하다.

우리 사회도 이 같은 현상에서 조금도 벗어나 있지 않다. 아직도 588,
옐로하우스, 자갈마당 등 전통적인 음성 지대가 밤의 욕망을 꿈틀거리
게 하고 있으며, 룸살롱 · 단란주점 · 티켓다방 등의 변태 영업은 사실
상 '공적 매춘'의 창구라고 해도 과언이 아니다. 최근에는 통신의 발달
로 '사적 매춘'이 활개를 치면서 매춘 종사자들의 구성도 매우 다양해
지고 있고 동기 또한 천차만별이다. 그러나 반드시 금전이 매개가 된
다는 점에서 매춘의 범주를 벗어나지 않는다. 사적 매춘은 은밀성과
익명성이 보장된다는 장점 때문에 때와 장소, 계층, 남녀노소를 가리지

않고 확산되고 있다. 기존 홍등가가 당국의 강력한 제재로 점차 위축
되고 있는 것도 한 이유이다. 신종 사적 매춘으로 인터넷을 통한 사이
버윤락, 1일 비서·1일 도우미, 폰팅, 화상 채팅방, 이벤트 윤락, 원조
교제, 묻지 마 관광 등 기발한 방법이 속출하고 있다. 적발된 매춘 종
사자들도 여 중·고생, 여대생, 주부, 유치원 교사, 간호사, 재벌그룹
비서 등 직장 여성에서 실업 여성에 이르기까지 다양하다. 이와 함께
일부 부유층 남녀들을 중심으로 한 멤버 전용 윤락업소나 호스트바 등
도 생겨나면서 자칫 '윤락 망국'의 우려까지 나오고 있다.

과거의 매춘이 경제적 문제 해결을 위해 소외 계층이 최후 수단으로
선택한 것이었다면 최근의 매춘은 즐기면서 돈도 버는 '향락 아르바이
트'의 양상으로 달라지고 있다. 자발적 매춘의 경향이 높아지고 있다
는 것이다. 대검 '자녀 안심하고 학교 보내기 운동 본부'에서 지난해
청소년 유해업소 단속 결과는 하나의 시사점을 던져준다. 당시 접대부
등으로 적발된 5,048명의 10대 소녀를 분석한 결과 윤락을 해 온 804
명 중 강제 윤락을 해 온 미성년자는 5명뿐이었다. 이같이 자발적 매
춘이 늘어나게 된 데는 성 윤리의 붕괴와 더불어 배금주의 풍조의 만
연이 주 원인이라고 할 수 있다. 매춘의 확산 원인은 무엇보다 여성들
로서는 현실적으로 가장 손쉽게 돈을 벌 수 있는 방법이기 때문이며,
성 정보의 범람과 성 개방 풍조로 인한 향유형 매춘의 증가, 수요자인
남성의 성 의식 문란 등을 또 다른 원인으로 꼽을 수 있다.

어렵게 돈을 벌어 알뜰하게 쓰는 청소년도 없지 않지만, 많은 청소년
들이 돈을 쉽게 벌어 헤프게 써 문제가 되고 있다. 그러나 이들이 돈
을 벌고 쓰는 곳은 어디인가. 모두 어른들이 만들어 놓은 곳이다. 그
리고 그 돈은 결국 어른들 지갑 속으로 다시 들어간다. 그러면서도 어
른들은 혀를 찬다. 청소년들에게 '이중생활'을 강요하고 있는 셈이다.

고쳐야 한다면 어른들이 먼저일 것이다.

가. 원조교제

미성년자에게 용돈을 주고 성관계를 맺는 이른바 '원조교제' 대상 가운데 3명 중 1명이 여중생인 것으로 밝혀졌다. 이들의 실태를 세분화해 보면 단란주점 등의 접대부, 윤락녀로 일해 왔으며 나머지는 단순 고용의 형태로 밝혀졌다.

1. 사례 1

부산고법 재판부는 여고생들에게 용돈을 주며 속칭 '원조교제'를 한 협의로 구속 기소된 김 모(68) 씨에 대한 선고 공판에서 징역 1년에 집행유예 2년을 선고했다. 재판부는 판결문에서 '피고인이 고령인데다 전과가 없고 범행 사실이 알려져 주위 사람들에게 얼굴을 들지 못할 정도로 수치심을 느낀 데다 뉘우치고 있는 점을 고려해 집행유예를 선고한다.'고 밝혔다. 김 씨는 지난 5월 중순, 부산의 실업계 여고 1년생 윤 모(16) 양 등 3명에게 한번에 4~10만 원씩의 용돈을 주고 호텔과 여관을 돌아다니며 6차례에 걸쳐 집단 성관계를 맺은 협의로 구속 기소돼 징역 1년이 구형됐었다.

2. 사례 2

10대 소녀와 원조교제를 해오던 30대 사업가가 호텔에서 강도를 당하는 바람에 경찰에 붙잡혔다. 서울 동부경찰서는 20일 박 모(32, 오퍼상) 씨를 청소년보호법 위반 등의 혐의로 구속영장을 신청했다. 또 이들을 투숙시킨 호텔 종업원 김 모(28) 씨에 대해 같은 혐의로 구속영장을, 호텔 업주 정 모(39) 씨에 대해서는 체포영장을 신청했다. 박씨는 오전 4시쯤 백 모(14) 양과 함께 광진구 광장동 H호텔에서 투숙하는 등 모두 3차례에 걸쳐 백 양과 성관계를 맺은 혐의를 받고 있다. 박 씨의 원조교제는 이 호텔에서 백양과 잠을 자던 중 열려진 문으로 들어와 백 양을 성폭행하고 박 씨로부터 62만 원 어치의 금품을 빼앗아 달아난 김 모(19·H대) 씨가 경찰에 붙잡혀 조사를 받는 과정에서 드러났다.

나. 음란폰팅

경제불황 이후 폰팅을 통한 매춘에 여성뿐 아니라 20~30대 남성까지 가세하고 있다. 실직자와 대졸 미취업자, 아르바이트를 구하는 청소년과 대학생들 가운데 일부가 폰팅을 통한 남성·매춘에 눈을 돌리고 있다. 게다가 음란폰팅의 사서함에는 게이바나 호스트바 홍보나 성인용 비디오 판매를 알리는 내용까지 녹음돼 있어 폰팅의 불건전성은 극에 달해 있다. 음란폰팅은 독버섯처럼 번져 갈 수 있는 요소를 두루 갖추고 있다. 폰팅 업체가 남성들에겐 100분에 2만 원 정도의 이용료를 물리는 반면 여성들에겐 080서비스를 통해 무료로 이용하도록 하고 있다. 이는 여고생 등 미성년 여성들로 하여금 공중전화를 이용해 폰팅의 음성 사서함 녹음을 가능하게 해준다.

1. 사례 1

인천지검 강력과는 폰팅을 통해 알게 된 여 중·고생 등 미성년자에게 돈을 주고 성관계를 맺은 혐의(윤락행위 방지법 위반)로 고 모(48, 회사원) 씨 등 27명을 불구속 입건했다. 고 씨는 생활정보지에 난 'XXX-폰팅' 전화 광고를 통해 장 모(17, B여상2년) 양을 만나 1차례에 화대 10만~12만 원씩을 주고 5차례에 걸쳐 성관계를 가져온 혐의다. 김 씨 등도 같은 방법으로 13~19세 여 중·고생 및 자퇴생 등 미성년자들을 만나 용돈으로 10만~15만 원을 주고 성관계를 갖는 등 이른바 '원조교제'를 한 혐의다.

2. 사례 2

여중생들이 초등학생 등 같은 마을 선후배를 원조교제에 끌어들여 윤락을 알선하고 화대를 가로채 오다 경찰에 적발됐다. 부산 북부경찰서는 부산 모 여중 2년생 김 모(14)·강 모(14)양 등 2명에 대해 윤락행위 방지법 위반 혐의로 구속영장을 신청하고 이들로부터 소개받은 초등학생 등과 성관계를 가진 이 모(30)·문 모(39)씨 등 2명에 대해서도 같은 혐의로 구속영장을 신청했다. 김 양 등은 지난해 초부터 최 모(11, 초등학교6) 양 등 6명에게 "쉽게 돈 벌 수 있는 방법이 있다."고 접근, 폰팅업체에 회원으로 가입한 남자들에게 소개시켜 윤락을 알선하고 이들이 받은 화대 10만~15만 원 가운데 7만~11만 원씩 모두 600여만 원을 소개비 명목으로 가로챈 혐의를 받고 있다.

김 양 등은 자신들이 먼저 폰팅을 통해 원조교제를 해 오다 같은 마을 선후배를 소개시켜 주는 대가로 소개비를 받은 것으로 경찰 조사에서 밝혀졌다. 또 이 씨는 폰팅을 통해 소개받은 최 양을 자신의 사무실로 데려가 성관계를 맺었으며 문씨는 교복을 입은 중학생 2명과 승용차 안에서 집단 성관계를 가진 혐의다.

다. 전화방

1. 사례 1

인천지방경찰청 형사기동대는 전화방을 통해 원조교제를 한 혐의(윤락행위 방지법 위반)로 장 모(43), 홍 모(48)씨 등 성인남자 4명과 안모(18), 고 모(18)양 등 10대 소녀 5명을 입건했다. 장 씨 등은 인천시 옥련동 R모텔에서 속칭 080 전화방을 통해 만난 안 양에게 20만원을 주고 성관계를 갖는 등 9개월여 동안 모두 19차례에 걸쳐 미성년자들과 원조교제를 한 혐의다. 경찰 조사결과 장 씨와 안 양 등은 원조교제를 시작한 이후 평소 알고 지내던 사람들이나 같은 학교 친구들을 서로 소개시켜 주며 일을 저질러 온 것으로 드러났다.

2. 사례 2

080전화방을 통해 알게 된 여중생들과 '원조교제'를 해온 공무원과 교회 전도사 등 16명과, 이들을 협박해 돈을 뜯은 경찰관이 검찰에 적발됐다. 여중생들에게 돈을 주고 성관계를 가진 혐의로 이 모(43, 인천중구청 계장) 씨, 이 모(30, 무사 사무소 직원) 씨 등 2명을 구속하고 다른 이 모(29, 교회 전도사) 씨 등 16명을 불구속 입건했다. 또 여중생들과 성관계를 가진 남자들을 협박해 금품을 뜯어낸 혐의로 인천 중부경찰서 박 모(43) 경장을 구속하고 원조교제를 한 인천 ㅅ중학교 학생 14명의 명단을 지검 소년부에 통보해 선도 보호 조처토록 했다. 공무원 이 씨는 최근까지 생활정보지에 난 폰팅 광고를 통해 알게 된 여중생 2명에게 한번에 10만 원씩 주고 3차례 이상 성관계를 가진 혐의를 받고 있다. 박 경장은 폰팅으로 만난 여중생들을 통해 성관계를 한 신 모(45, 회사원) 씨 등 3명의 명단을 알아낸 뒤 이들을 협박해 모두 127만 원의 금품을 뜯어낸 혐의를 받고 있다. 여중생들은 같은 학교 친구사이로 유흥비, 휴대전화 사용료 등을 마련하기 위해 '원조교제'를 시작한 것으로 드러났다.

3. 사례 3

인천 남부경찰서는 '080전화'로 알게 된 여중생과 윤락행위를 한 혐의 (윤락행위 등 방지법)로 부천세무서 부가세과 장 모(37, 7급) 씨를 구속하고 같은 혐의로 같은 세무서 부가세과 이 모(35) 씨를 불구속 입건했다. 장 씨 등은 '080전화'를 통해 알게 된 여중 3학년 김 모(15) 양 등 가출소녀 2명을 만나 10~15만 원씩을 주고 3차례에 걸쳐 성관계를 가진 혐의를 받고 있다.

4. 사례 4

부천 중부경찰서는 전화방을 통해 알게 된 남자들과 원조교제를 해온 이 모(15, S여중 3년 중퇴) 양 등 10대 소녀 4명과 이들과 성관계를 가진 신 모(34, 택시기사) 씨를 윤락행위 방지법 위반 혐의로 불구속 입건했다. 경찰에 따르면 중학교 동기간인 이 양 등은 부천시 원미구 G여관에 집단 투숙하며 전화방을 통해 알게 된 남자들과 6만~10만 원씩을 받고 2~13차례에 걸쳐 윤락행위를 해 온 혐의다. 신 씨는 지난달 21일 경기도 시흥시 월곶동 소래포구 주변 모 여관에서 8만 원을 주고 이 양과 성관계를 가진 혐의를 받고 있다.

5. 사례 5

전화 채팅방인 '080 폰팅전화'를 통해 여중생을 비롯한 미성년자와 성관계를 갖는 등 속칭 '원조교제'를 한 9명과 미성년자를 고용, 불법 영업을 일삼은 노래방 업주 11명 등 모두 20명이 검찰에 적발됐다. 폰팅전화를 통해 만난 여중생에게 돈을 주고 성관계를 가진 혐의(윤락행위 방지법 위반)로 윤 모(33, 무직) 씨 등 2명과 미성년자를 고용, 손님에게 술 시중을 들게 한 혐의(식품위생법 위반)로 대구시 서구 내당동 M노래방 주인 유 모(50, 여) 씨 등 노래방 업주 3명을 각각 구속했다. 또 최 모(36, 상업) 씨 등 폰팅 윤락을 한 5명과 김 모(36, 여) 씨 등 노래방 업주 8명 등 13명을 불구속 입건하고 강 모(30) 씨 등 2명을 수배하는 한편 장 모(14, 여중 3년) 양 등 중·고생 7명을 포함한 원조교제 미성년자 14명을 검찰 청소년선도위원회에서 선도하도록 넘겼다. 검찰에 따르면 윤 씨 등 9명은 대구 시내 모 여관 등에서 080폰팅전화를 통해 만난 장 양 등 미성년자에게 1회에 1만~10만 원을 주고 성관계를 갖는 등 윤락행위를 한 혐의를 받고 있다. M노래방 업주 유씨는 구청으로부터 유흥주점 허가도 받지 않고 서구 내동 4동에 60평 규모의 노래방에 객실 11개를 갖춰 놓고 여고 2년생인 박 모(17) 양 등 미성년자 5명을 고용해 손님에게 술 시중을 들게 하는 등 불법 영업을 일삼은 혐의다.

라. 비디오방

서울 신촌의 S비디오방. 심야임에도 불구하고 16개의 방이 모두 찰 정도로 호황을 누리고 있는 이 업소는 모든 방의 유리창을 커튼, 신문 지 등으로 가려 놓아 밖에서 안을 전혀 들여다볼 수 없었다. 조명도 거의 없는 상태였으며 출입문 밖에 '18세 미만 출입 금지' 표지를 붙 여 놓았지만 손님의 나이는 전혀 확인하지 않아 고교생들로 보이는 청소년들이 아무 제지 없이 짝을 이뤄 드나들고 있었다. 심야영업 비 디오방이 청소년들의 '탈선 숙박업소'로 변하고 있다. 특히 1999년 3월 정부가 풍속영업관련규제개혁 차원에서 비디오방 영업 제한 시간을 철폐, 24시간 영업이 가능해지면서 이 같은 부작용이 더욱 악화됐다. 현행 음반 및 비디오물에 관한 법률엔 18세 미만 청소년의 경우 보호 자, 친족, 감독인의 동행 없이 비디오방을 출입할 수 없도록 규정돼 있으나 친족, 감독인 등의 규정이 모호하고 청소년의 출입을 막는 업 소도 거의 없다. 더구나 당국의 단속마저 유명무실해 청소년들의 비디 오방 출입이 방치되고 있다. 한국소비자보호원이 청소년보호위원회의 의뢰로 한 달 동안 서울 시내 고교생 6백 명을 대상으로 '비디오방 이 용 실태'를 조사한 결과 전체 응답자의 50%가 "비디오방을 이용한 경 험이 있다."고 답했으며 이 가운데 "나이 등 신분 확인을 요청 받은 적이 있다."고 답한 청소년은 30%에 불과했다. 특히 대부분의 비디 오방이 시설, 영업관리 규정을 무시한 채 영업하고 있어 청소년들의 탈선을 부추기고 있다. 현행법은 각 시청실의 내부가 들여다보이도록 통로 쪽 출입문에 대해 바닥에서부터 1.2~2m 사이를 유리창으로 만 들어야 한다고 규정하고 있다. 그러나 이런 규정을 지키는 업소는 거 의 없으며 대부분 업소가 규정보다 훨씬 작은 크기의 유리창을 설치해 놓고 있었으며 그나마 커튼, 영화 포스터, 신문지 등으로 가려 놓은 경우가 많다. 또 "각 시청실은 바닥 1m 높이를 기준으로 최소 70럭스 이상의 조도를 유지해야 한다"는 규정에도 불구하고 대부분 업소의 시청실이 어두컴컴한 정도였고 아예 실내조명이 없는 업소도 상당수였다.

마. 결혼 상담소(이벤트업체)

여대생(251명), 주부(679명), 직장 여성(450명), 모델(172명) 등 여성 회원 2,500여 명. 여성 사회단체 회원들 얘기가 아니다. 윤락행위 등 방지법 위반 혐의로 검찰에 적발된 서울 시내 16개 이벤트사에 '몸을 팔겠다.'며 회원으로 가입한 여성들의 이력이다. 성윤리 실종과 경제난이 겹치면서 '윤락산업'에도 적잖은 변화가 일고 있다. 주부·여대생·직장 여성처럼 평범한 여성이 윤락행위를 하는 경우가 늘고 있는 것이다.

현재 서울 시내에 윤락을 알선하는 이벤트 업체는 서울과 수도권 일대에만 70~80개 업체에 이른다. 이들 중 상당수는 결혼상담소 허가를 받은 뒤 윤락을 알선하는 것으로 보인다. 경제난이 더욱 악화된 지난해 하반기부터 우후죽순처럼 생겨나기 시작했다. 이벤트 업주 가운데에는 실직한 화이트칼라·부도 기업인도 있다. 윤락을 한 여성 중에는 평범한 아줌마나 대학생도 많은데, 단순히 경제불황으로 인한 경제난으로 치부하고 싶지는 않다. 주부는 실직 가장을 대신해 생활비를 벌기 위해, 여대생은 취업난을 이유로 들지만 군색한 변명에 불과하다. 근본적인 문제는 성을 돈벌이 수단으로 서슴없이 사용하는 성도덕의 해체 현상이다. 조사를 받았던 대부분의 여성들의 태도는 "도대체 뭐가 잘못됐

느냐."는 식이었다. 심지어 일부는 회원 가입서에 "일회성 윤락을 원하지 않는다. 매월 일정액을 받을 수 있으면 좋겠다."고 '원조교제'를 희망하기도 했다. 이들은 사회·경제적 능력이 있는 남자를 지속적으로 만나기를 원하고 있었다. 이벤트 업체가 회원 모집을 위해 생활정보지뿐만 아니라 일부 스포츠신문의 광고를 통해 회원을 모집하고 있다.

수사기관의 단속은 사후 조치에 불과하다. 여성단체를 중심으로 한 민간단체 차원의 성도덕 회복운동이 무엇보다도 시급하다. 문자·영상매체뿐만 아니라 사이버 공간에 이르기까지 전방위적으로 깔려 있는 음란물에 대한 정부 차원의 대책 마련이 필요한 시점이다. 가까운 곳에서부터 문제를 풀어 나가는 지혜가 아쉽다.

1. 사례 1

무허가 결혼상담소를 차려놓고 일간지에 광고를 내 남녀 회원을 모집한 뒤 소개비를 받고 윤락행위를 알선한 혐의(윤락행위 방지법 위반)로 안 모(44) 씨를 구속했다. 안씨는 자신의 집에 S결혼상담소를 차려놓고 1백50여 명의 남녀 회원을 모집한 뒤 남성으로부터 10만 원씩의 소개비를 받고 윤락행위를 알선한 뒤 화대를 받은 여성에게서 2만 원씩의 알선료를 받는 수법으로 지금까지 모두 4백여 차례에 걸쳐 4천여만 원을 챙긴 혐의다. 안 씨가 관리해 온 회원 중에는 가정주부를 비롯, 여대생 20여명과 의사, 학원 강사 등도 포함돼 있는 것으로 드러났다.

2. 사례 2

위장 결혼상담소를 차려놓고 윤락녀들로부터 알선료를 챙긴 혐의(윤락행위 등 방지법 위반)로 H결혼상담소 업주 임 모(47, 여) 씨를 긴급 체포하고 윤락녀 17명을 입건 조사 중이다. 경찰에 따르면 임 씨는 마산시 회원구 양덕1동에 H결혼상담소라는 위장사업자 등록을 내고 가정주부 등 윤락녀 17명을 고용, 생활정보지와 스티커 등을 보고 전화를 걸어온 남자들로부터 1인당 입회비(알선료) 5만 원과 화대 10만 원씩을 받고 윤락행위를 알선하는 방법으로 전후 114회에 걸쳐 603만 원의 알선료를 챙긴 혐의다.

바. 부부교환

스와핑은 원래 파티 문화가 일상화된 미국인들의 일탈 성 문화의 하나다. 미국 스와핑족은 고학력과 전문 직종 종사자일수록 많고 누드주의자처럼 성을 외설스럽지 않고 자연스러운 입장을 취한다. 일본의 경우 스와핑 전문업소가 성업하고 있으며 아내 바꾸기뿐만 아니라 미혼자들의 애인 바꾸기도 알선해 주고 있는 것으로 알려져 있다. 그러나 가족주의 개념이 강한 한국의 스와핑은 충격적일 수밖에 없다.

우리나라에서 부부를 바꿔 성행위를 즐기는 스와핑(부부교환)이 암암리에 벌어지고 있는 것으로 밝혀져 충격을 주고 있다. 30~50대 남성들이 원조교제나 섹스 아르바이트를 할 젊은 여성을 구하는 것은 이미 유행처럼 된 측면이 없지 않지만 이제 일탈 성행위인 부부를 교환하는 지경에까지 이르렀다. 최근 정보통신윤리위원회에 의해 적발된 부부교환 제의는 우리 사회에도 스와핑이 존재함을 알려주고 있다.

"30대 초반 남자입니다. 부부교환해서 섹스하실 분을 찾습니다."

이런 내용을 담고 있는 2건의 음성 사서함을 최근 적발해 삭제했다. 일대일로 연결된 전화방이나 폰팅은 통신비밀보호법상 감청이 불가능하다는 점을 고려하면 스와핑이 제법 퍼져있을 것이라는 추측이 가능하다. 실제로 안동에서는 부인을 서로 바꿔 1년6개월 동안이나 동거해온 쌍방불륜의 스와핑 사례가 밝혀졌다.

습관적인 부부관계에서 오는 단순함과 식상함에서 탈출하고자 하는 심리는 정상적인 부부 양쪽에게 있을 수 있지만 이를 실천에 옮겨 좀더 자극적이고 스릴이 있는 섹스 상대를 부부를 교환해 구한다면 전통적인 가족관계가 와해될 우려가 크다. 또한 불륜문화인 스와핑은 '성'을 즐기는 개념으로만 인식해 애정을 바탕으로 한 남자와 한 여자가 서로 귀속되는 기존의 부부관 또는 애정관이 무너질 수 있다는 점이 심각한 사회문제인 것이다.

사. 대학생 계약커플 성행

서울 근교의 지방 캠퍼스와 서울 출신 학생이 많은 지방대학을 중심으로 자취방 계약동거가 성행하고 있다. 남녀가 동거하는 방식도 다양하다. '기둥서방형'은 말 그대로 커플 중 한쪽이 '기둥서방'이 되는 경우다. 기숙사나 좁은 자취방에서 사는 학생이 고급원룸에서 자취하는 이성 친구에게 얹혀사는 것을 말한다. 기숙사에 살던 남자가 고급 원룸에서 자취하는 애인에게 얹혀 살 땐 '기둥마님형'이라고 부르기도 한다. '알뜰형'은 경제불황 이후 늘어난 동거 형태를 말하는데, 커플 한쪽이 방을 정리하거나 함께 싼 자취방으로 옮겨 생활비를 줄이는 경우다. 각자 구입해서 쓰던 생활용품과 식품비가 줄기 때문에 아낀 돈으로 둘만의 데이트를 즐긴다고 한다. '사이버 커플형'은 안면이 없던 남녀가 컴퓨터 통신이나 제3자의 소개를 통해 동거에 들어가기도 한다. 통신상에서 만나 같은 학교에 다니는 것이 확인되고 서로 조건이 맞으면 곧바로 동거에 들어간다. 특히 이 경우엔 남자가 자취방을, 여자가 승용차를 제공하는 형태의 계약이 주로 성립되지만 아무래도 계약 기간이 오래가지 못한다.

아. 불법 심부름센터

'가정고민 해결', '비밀 안전보장'등 지역생활정보지에 광고를 게재하고 영업을 하고 있는 심부름센터가 전국으로 우후죽순처럼 번지고 있다. 이들은 폭력 조직과 줄을 대고 빚을 대신 받아주거나 핸드폰 비밀번호 조회, 전화도청, 불륜 캐기 등의 불법 영업을 하고 있다.

자. 이동통신 문자서비스

문자서비스는 이동통신업체가 이용자들에게 증권, 문화, 뉴스, 기상, 교통 등 다양한 정보를 제공하기 위해 마련한 부가서비스이다. 그러나

이 서비스에는 인터넷에서나 볼 수 있는 번섹(번개섹스)을 비롯해 음
란폰팅, 원조교제, 매춘을 조장하는 글들이 하루 수백 건씩 올라온다.
이 때문에 건전한 이동통신 이용자들이 당황하는 경우가 많다.

가장 문제가 되고 있는 문자서비스 코너는 통신업체마다 운영하고 있
는 웹사이트 게시판이다. 이는 '자유게시판', '삽니다/팝니다', '구인/구
직', 'PCS미팅', 'Q&A', '글찾기', '글올리기' 등 7개 코너로 구성돼 있
다. 특히 게시판과 미팅코너는 음란성이 심각한 수준이다. 이 코너에
는 '야팅(야한미팅)할 여자분 구함', '아다(총각) 끊어줄 누님, 나이는
상관없음', '섹시한 고딩(고등학생) 남자만 연락해' 등과 같은 글이 자
주 뜬다. 구인, 구직 코너도 마찬가지이다.

차. 인터넷 채팅방

부모의 무관심 속에 정서적 결손을 겪으면서 방황하는 자녀들이 급격
히 늘어나고 있다. 이들 중엔 유흥업소를 전전하거나 원조교제에 빠지
는 경우도 상당수여서 문제의 심각성을 더해주고 있다. 박 모(15, 중3
중퇴) 양은 현재 1주일째 청소년쉼터에 머물고 있다. 집에 돌아가고
싶은 마음은 간절하지만 "너는 더 이상 내 자식이 아니다."며 문을 걸
어 잠근 부모 때문이다. 박 양은 건축업을 하는 아버지 밑에서 풍족한
생활을 했고 초등학교 6학년 때 전교 회장을 맡았던, 성적도 우수한
학생이었다. 그러던 박 양이 정상 생활에서 벗어난 것은 중 2년 초 인
터넷에 빠지면서부터이다. 평소 밤늦게 들어오는 부모를 기다리다 컴
퓨터에 몰두한 박 양은 잘못을 저질러도 "공부만 잘하면 상관없다."며
넘어가는 부모 아래서 잘잘못을 가리는 능력을 상실했다. 부모는 곧잘

사촌들과 학교 성적을 비교하면서 다그치곤 했다. 그러던 중 인터넷을 통해 아저씨들과 만나게 됐다. 아저씨들을 만난 사실을 알고 야단치는 부모가 자신을 용서하지 않자 박 양은 밖으로 겉돌기 시작했고 그럴수록 아저씨들과의 만남은 잦아졌다. 결국 지난 2월 유흥업소를 전전하는 동안 용돈을 주면서 성관계를 요구하는 '원조교제'의 희생물이 됐지만, 부모는 자신과의 만남을 외면했다. 전문가들은 "가출 청소년을 문제아로 취급하기보다 포용하고 함께 고민하는 사회적 분위기가 형성돼야 한다."고 강조한다.

1. 사례 1

인터넷 채팅방을 통해 만난 여고생과 이른바 '원조교제'를 해 온 손 모(40, 단란주점 업주) 씨에 대해 구속영장을 신청했다. 손 씨는 인터넷 채팅방을 통해 만난 한 모(17, 여고 3년) 양과 서울 중구 신당동의 모 여관에서 성관계를 갖고 대가로 16만 원을 지불하는 등 모두 3차례에 걸쳐 성관계를 맺고 30여만 원을 지불한 혐의다. 조사 결과 손 씨는 지난달 28일 한 양이 가출하자 용돈을 주면서 자신이 경영하는 단란주점의 종업원 숙소에서 지내게 한 것으로 드러났다.

2. 사례 2

인터넷과 광고전단 등을 이용, 원조교제를 권유한 혐의(윤락행위 방지법 위반)로 박 모(28, 회사원) 씨를 긴급체포했다. 박 씨는 경기도수원시권선구 매산로1가 모 PC방에서 '원조교제, 호출기로 연락주세요'라는 글을 4차례에 걸쳐 인터넷에 올린 뒤 수원과 화성 일대 여자고등학교 3~4곳에 '원조교제 아르바이트 여성회원 모집'이라는 내용의 광고전단 3백여 장을 뿌리고 수원 역 앞 공중전화부스에 같은 내용의 전단 30여 장을 붙인 혐의다. 박 씨는 그 후 광고전단을 보고 연락해온 이 모(17, S중 3년) 양에게 원조교제를 하는 조건으로 10만 원을 주기로 약속하고, 인터넷을 보고 연락해온 6명의 성인남자에게는 15만~17만원을 받기로 하고 10대 소녀와의 윤락을 권유한 혐의다.

카. 콜라텍의 문제

10대들은 요즘 한창 '콜라텍'을 찾는다. 콜라텍은 숨어서 무엇을 하기 위해 찾는 곳이 아니다. 아이들이 학교에서 또는 그 밖의 공간에서 받은 스트레스를 술도 담배도 아닌 음악과 춤으로 풀기 위해 찾는 곳이다. 술 대신 콜라를 마시고 다툼 대신 춤을 춘다. 공부를 잘하든 못하든 일단 클럽에 오면 그런 것은 상관이 없다. 음악이 나오면 신나게 춤을 추고 스트레스가 풀리면 집에 간다. 콜라텍은 학생들의 공간이다. 디제이들도 20대 초반에서 10대 중·후반 정도로 어려지고 있다. 아이들의 나이가 어려지는 것은 그만큼 '스트레스'라는 폭력이 찾아드는 나이도 빨라지고 있음을 의미한다. 콜라텍을 들어서는 아이들은 대부분 교복 차림이다. 디스코텍이나 록바 등 어른들의 무도장을 다니려면 학생 신분을 숨겨야 하지만, 청소년 전용공간인 콜라텍을 출입하면서까지 교복을 벗을 필요는 없기 때문이다.

그러나 '콜라텍'이 변칙적으로 운영되고 있어 청소년 탈선을 조장한다는 비난의 여론이 높아가고 있다. 우후죽순처럼 생겨난 20여 개의 업소는 본래의 취지를 벗어나 돈벌이에만 급급해 청소년을 탈선의 현장으로 내몰고 있다. 콜라 등 무알코올 음료만 팔면서 청소년의 들끓는 정열을 맘껏 발산시키는 공간을 마련하겠다고 시작한 콜라텍들이 버젓이 칵테일, 소주, 맥주, 양주 등 성인용 음료를 팔면서 담배까지 거래하고 있어 청소년의 또 다른 사각지대로 등장하고 있다.

9

끝 맺음말

2005년 1년 동안 유흥업소 주변에서 일하다가 적발된 미성년자 5천여 명 중 16%인 8백여 명이 몸을 팔았다. 매춘에 참여한 8백여 명 중 44%가 16세 이하 소녀였다. 방학이 되면 여자 중·고·대학생의 유흥 업소 출입이 급증했는데, 방학기간 중엔 종업원의 50%, 학기 중에도 30%가량이 학생인 것으로 나타났다. 20대 직장 여성 및 무직 여성, 그리고 가정주부의 업소 출입도 늘고 있는 추세다. 또 미혼 남성 근로 자의 62.8%, 남자 대학생의 26.4%가 매춘부, 술집 여자, 이발소 여자, 안마시술소 여자 등 윤락 여성과 성행위 경험을 갖고 있다.

이벤트사, 폰팅, 전화 사서함 등 34개 신종 윤락 매체를 통해 윤락행 위를 하다 적발된 여성이 2,784명에 달한 것으로 집계됐다. 티켓다방, 단란주점, 룸살롱, 보도방 등을 상대로 한 조사에서 이들 업소에 고용 된 여 종업원 2,068명 중 45.6%인 943명이 10대 소녀이고 이중 절반 이 넘는 498명이 가출소녀인 것으로 나타났다. 미성년자 윤락으로 적 발된 성인 남자는 87명으로, 30대가 32명(36.8%)으로 가장 많고 ① 20 대 29명 ② 40대 24명 ③ 50대 2명 등이다. 직업별로는 일반 회사원이 40.2%인 35명으로 가장 많았고 ① 자영업 24명 ② 무직 14명 ③ 종업 원 10명 ④ 공무원 2명 ⑤ 노동 1명 ⑥ 기타 1명 등이었다.

업주들이 청소년을 고용하는 가장 큰 이유는 경비를 절감할 뿐만 아니라 손님들이 선호하기 때문이다. 우리 사회의 위선적이고 지나치게 관대한 음주문화와 세대간의 문화적 단절, 급속한 가족 붕괴 등의 사회·문화적 문제들이 더욱 부추기고 있다. 청소년들이 이런 길로 들어서는 것은 친구의 꼬임이나 개인적인 탈선보다는 지역 신문 광고나 청소년들이 모이는 유흥가 길거리에서 모집책 등을 통해 자발적으로 취업하는 경우도 많다.

판단력이 미숙한 청소년을 돈으로 유혹해서 사고파는 행위는 사실상 위계에 의한 성폭력이나 강간이라고 할 수 있다. 기성세대가 만들어 놓은 잘못된 성 문화에 우리의 미래인 청소년들이 병들어 가고 있다. 잘못된 어른들이 만들어 낸 수요가 과소비와 황금만능주의에 오염된 청소년을 유인해 공급을 만들어 낸다는 점에서 청소년 매매춘 시장의 범람 책임은 어른이 져야 한다. 범죄자의 인권도 존중돼야 하나, 10대 매춘은 한 개인의 문제가 아니라 우리 사회의 기틀을 위협하는 심각한 사회문제이므로 공익적 차원에서 극약 처방이 불가피하다. 미성년자의 성적 착취를 엄벌에 처하는 것은 세계적 추세이기도 하다. 다만 신상 공개 방법과 시기 등은 신중히 결정해 시행령을 만들어야 할 것이다. 청소년 매매춘 행위에 대해서만 아니라 미국처럼 성폭력 범죄자에 대한 신상 공개도 이루어져야 한다. 나이 든 사람들이 자식 같은 청소년들을 섹스 대상으로 삼고도 아무런 죄의식을 갖지 못하고, 일부 청소년들은 금전에 유혹돼 자신의 소중한 성까지 팔고 있다. 성을 파는 사람보다 사는 사람을 훨씬 가혹하게 처벌하자는 것이다. 그러나 뒤틀린 윤리 의식을 제고하지 않고서는 모든 규제는 미봉책에 그칠 수밖에 없으며 또한 변화하는 시대에 맞는 성윤리라야 사회적 설득력을 가질 수 있다. 건전한 가정과 사회를 위해선 인격적 가치에 기초한 성 문화의 정착이 필수적이며 현대 산업사회에서 성의 무분별한 해방과 무원칙한 억압은 오히려 사회 발전의 저해 요인이 될 수 있다.

대책으로는 사회의 도덕적 가치관 재정립, 가정 복원으로 모범적인 성 인상 확립 등을 비롯해, 식품위생법상의 대물 처분 강화(동일 장소에 서 동종·유사업종을 일정기간 영업할 수 없도록 하고 어기면 건물주 를 함께 처벌한다), 스포트라이트제도(범죄를 저지르거나 위법행위를 한 자의 명단을 언론과 특정 지역에 공개하는 제도로 사생활 보호· 명예 보호와 충돌된다), 도시 전체에 널려 있는 청소년 유해업소를 특 정 지역에 모아두고 각 업소에 청소년 출입 허용을 엄단, 특정 지역 자체에 청소년 출입통제 등의 방안이 있다. 이러한 방안이 헌법상의 기본권을 제한할 수도 있지만 강력한 조치를 취해야 한다.

또한 우리 사회의 성도덕성 회복의 대안은 법과 현실이 이율배반적인 우리 사회의 전반적인 풍토에서 성의 이중성은 더욱 심하다. 따라서 성 의 공론화를 통해 사회가 합의하는 성의 잣대를 마련해야 한다. 구성애 식 성교육이 호응을 받고 있는 것도 이런 이유에서다. 학교에서의 성교 육이 정규화 돼야 한다. 아울러 더욱 중요한 것은 부모의 자녀에 대한 성교육이다. 성 행태에 대한 분석과 이를 바탕으로 한 성의 담론화가 자주 이뤄지면 구석에서 쏙닥거리며 키득거리던 성이 의연한 모습으로 단장하게 될 것이다.

참고문헌

김지룡, 1997, 「비상구 없는 일본의 에로스」, 시사플러스.

김혜경, 1991, 「여성과 가족」, 한국여성연구회, 『여성학 강의』, 동녘.

공세권, 조애저, 김승권, 손성희, 1992, 『한국에서의 가족 형성과 출산형태』, 서울, 한국보건사회연구원.

권태환, 박영진, 1993, 「한국의 가구 및 가족유형」, 서울, 통계청.

매킨토시, 매리, 1986(1977), 「국가와 여성억압」, 안마리 울프, 아네트 쿤, 『여성과 생산양식』, 한겨레.

미셸, 앙드레, 1990(1983), 「가족과 결혼의 사회학」, 한울.

이훈구, 1997, 「사회심리학」, 법문사.

이영자, 김혜순, 민경자, 이정옥, 1993, 「성평등의 사회학」, 『한울사회학강좌』, 도서출판한울.

앤더슨, 마가렛, 1987(1983), 「성의 사회학」, 이화여자대학교 출판부.

정창수, 정기선, 차종천, 1997, 「산업화 가정에서의 한국가족의 실태와 전망」, 집문당.

정효택(1994), 「사랑의 유형과 그 심리적 특성」, 연세대학교 교육대학원 석사학위논문.

킴벌, 게일, 1988(1983), 「평등한 부부」, 한국여성개발원.

Hanzan, C., Shaver P.,(1987), Romantic love conceptualized as an attachiment Process. Journal of Personality and Social Psychology.

Hatfield E., Spreher S. (1986a), Measuring Passionate love in intimate relations, Journal of Adolescence, 9.

Hatfield E., Spreher S. (1986b), Mirror, mirror...The importance of looks in everyday life. Albany, NY:SUNY Press.

Hendrick C., Hendrick S. (1986), 「A theory and method of love」, Journal of Personality and Social Psychology, 50.

Walster E., Walster G. W., (1978), Love, Reading, Mass,: Addision-Wesley.

제 2 편

사이버 공간에서 음란물의 여러 유형과
인터넷의 올바른 활용 방안에 관한 고찰

서 론

우리나라의 인터넷 인구가 2005년 말 2,600만 명에 달하고 있는데 이는 국내 전체 인구의 52퍼센트에 해당하는 규모이다. 2000년대 이후부터 폭발적인 인터넷 인구의 증가뿐만이 아니라 인터넷을 통한 경제적인 분야에서도 비약적인 발전을 거듭하고 있다. 인터넷을 기반으로 한 국내 전자상거래(EC)시장 추정규모는 2007년 6월 기준 약 300조원으로 예상된다. 이는 국내 경제를 전체적으로 비교해 볼 때고 큰 규모에 속하며 이는 지속적으로 늘어날 것으로 예상된다. 인터넷 산업의 근본이 기업의 비용 절감, 실소비자와 생산자간의 직거래, 양방향 대화를 통한 생산소비구조의 재편이라는 패러다임을 염두에 둔다면 인터넷의 경제 규모는 수조 원에 달한다.

이 같은 인터넷 인구와 산업의 성장은 풀어야 할 과제를 낳고 있다. 인터넷으로 인한 부의 생성은 곧 문화로 이어진다. 또 하나의 인터넷 문화가 생활의 주류를 이루게 되는 것이다. 그동안 각국간의 협약에 의해 이루어지던 문화교류가 아무런 장벽 없이 안방으로 침투하게 된다. 여과 없이 침투하는 문화로 인해 지체 현상이 일어나고 인터넷문화 소외계층이 발생하게 된다. 경제적으로는 인터넷을 통한 전자상거래에 대응하지 못하는 기업이나 개인은 뒷전으로 밀리게 된다. 부의 확대재생산은 가능할지 몰라도 분배의 균형은 장담할 수 없는 상황이다. 선점의 의미가 유독 강한 사업인 만큼 사업을 독차지한 일부 계층이 전체 부의 지배자로 군림하면서 빈익빈 부익부 현상을 가속시킬 가능성이 크다는 점이다.

국내 인터넷 사용자 중 여성의 비율이 점차 증가하고 있으며 인터넷 주도층인 20대 중반에서 30대 초반보다 10대와 30대 후반의 네티즌 유입이 빠르게 진행되고 있다. 최근 조사전문기관인 미디어리서치가 야후코리아와 공동으로 실시한 '한국 인터넷 사용자 분석' 조사 결과에 따르면 1998년 4월, 16.3퍼센트에 불과했던 국내 여성 인터넷 사용자의 비율이 2007년 기준 43퍼센트로 비약적으로 늘어났다. 또 인터넷 주도층인 20대 중반과 30대 초반의 이용자가 늘어나는 속도는 점차 감소하는 반면 10대와 30대 후반 이용자는 빠른 속도로 늘어나고 있어 국내에서 인터넷이 점차 대중화되고 있음을 보여주고 있다. 이 조사에서 새롭게 나타난 사실은 인터넷의 접속 장소로 PC게임방이 큰 인기를 끌고 있다는 점이다. 초기 PC게임방에서 인터넷에 접속하는 네티즌이 0.7%에 불과했으나 2007년 기준 18.8%로 늘어났으며 다른 곳에서 접속하는 대부분의 네티즌도 2차적인 장소로 PC게임방을 활용한다고 대답했다. 또 집이나 학교에서 인터넷을 이용하는 네티즌은 점차 줄어드는 반면, 직장에서의 인터넷 이용자는 계속 늘어나는 것으로 나타났으며 이는 대부분 기업체가 인터넷 환경을 갖춘 최근의 추세와 무관하지 않은 현상으로 풀이됐다. 인터넷에 대한 관심은 연령별로 큰 차이가 나, 10대와 20대 초반은 오락과 채팅 등 엔터테인먼트의 용도로 이용하고 있으며 20대 후반 이상은 구인·구직과 재테크, 업무 관련 정보 수집, 뉴스, 쇼핑 등에 이용하는 것으로 나타났다.

이와 같이 인터넷은 이제 비즈니스적이고 학술적인 이용을 넘어서 생활의 일부로 자리를 잡기 시작하였다. 그러나 편리하고 다양한 정보를 제공하는 인터넷 정보산업이 가져온 문명의 이기로 볼 수만은 없다. 한편에서 자행되는 인터넷의 악용이라는 독소는 정보사회 전체를 붕괴시킬 만한 영향력을 갖고 있기 때문이다. 인터넷을 통해 쉽게 외설사진을 구하는 것은 이제 공공연한 비밀이다. 이 시대의 성(性) 문화 또한 세계적인 성(性) 정보의 네트워크 속에서 다양성과 가속성을 반영하고 있다. 인터넷을 통해 세계의 성 정보가 빠르게 모아지고 퍼진다. 내용에 있어서도 학문적인 연구 결과를 비롯해 외설적인 영상이나 소설까지 다양한데 청소년들의 경우, 풍부한 성 정보를 균형 있게 이용하기보다는 외설적인 내용을 즐겨 찾고 있다. 건전하고 진지한 성 담론의 장(場)에 적극적으로 참여하지 않는 한, 청소년들은 각자 주관적으로 성을 이해할 소지가 많으며 몰입의 정도에 따라 생활과 유리된 성 습관을 가질 수도 있다. 더욱이 일본에서 발신되는 외설사진은 변태성이 심각하다. 또한 인터넷은 각종 범죄 정보를 손쉽게 구할 수 있는 통로이기도 하다. 마약과 흉기를 통신 판매하는 인터넷사이트가 전 세계를 상대로 정보를 발신하고 있다. 또한 국내에서도 10대들의 포르노 비디오인 '빨간 마후라'와 유명 연예인 오 모 씨의 '오양의 비디오' 사건 이후 컴맹들에게까지도 인터넷의 음란물에 대하여 대단한 관심을 증폭하는 계기가 되었다.

인터넷은 '정보의 바다'로 무한한 지식을 안겨주지만 자칫 정신건강을 황폐화시키는 흉기로 돌변할 가능성도 있다. 인터넷을 떠도는 음란물은 그런 점에서 정보화를 막는 커다란 걸림돌이다. 무분별한 음란물 유포행위를 처벌하는 법적 장치의 마련이 시급하며 청소년을 대상으로 인터넷의 이점과 해악을 알리는 교육이 체계적으로 이뤄져야 한다. 유교사상이 생활 전반에 깔려 있는 우리나라는 이런 시대의 성 개방 흐름에 대해 마땅한 대안 없이 걱정만 하고 있는 실정이나, 체계적인 성교육을 마련하기도 전에 급속하게 변해가는 성 문화 환경을 따라가야 한다는 점에서 청소년 성교육은 더욱 어려운 과제가 되고 있다. 따라서 본 논문은 인터넷의 활용 분야와 음란물의 유형을 구체적으로 알아보고, 인터넷의 올바른 이용 방법에 대하여 알아보기로 하겠다.

2

인터넷이란 무엇인가?

인터넷이라는 것은 1969년 미국이 구소련과 냉전시대를 형성하던 시대에 미국의 국방성에서 군사적인 목적에 의하여 처음으로 시작하게 되었다. 컴퓨터를 한 장소에서 운용하면, 그곳이 군사적인 공격을 받아 폭파된다면 모든 기능이 다운되어 본연의 임무를 수행할 수 없게 된다. 그러나 몇 개의 컴퓨터를 연결하여 여기저기서 운용하고 있다면 하나가 쓸모없게 되어 버려도 모두 다운되는 일은 없으므로 안전하게 임무를 수행할 수 있을 것이라는 발상에 의하여 인터넷이라는 개념이 도입되었다. 이것을 처음으로 적용한 것은 미국의 4개 대학과 연구소의 컴퓨터를 접속한 알파넷(ARPAnet)으로 실현되었다. 이 ARPAnet (Advanced Research Projects Agency(미국방성고등연구계획국)net) 이 인터넷의 시작이었다.

한편 전미과학재단은 미국 전체의 대학과 연구 기관을 연결하여 공동으로 슈퍼컴퓨터를 이용하려는 연구를 했다. 그때 슈퍼컴퓨터가 있는 컴퓨터센터와 대학, 연구 기관을 직접 연결하지 않고, 몇 개의 대학에서 지역적인 네트워크를 만들어 각각의 네트워크를 접속하는 방법을 적용했다. 이것이 네트워크를 네트워킹하는 인터넷의 원점이 되었다. 그 이후 이 네트워크의 ARPAnet과 미국의 대학과 연구 기관이 차례차례로 접속되어 1985년대 NSF (National Science Foundation)net으로 발전하였다. NSFnet은 미국정부의 자금으로 운용되고 있었기 때문에 인터넷은 당초 학술용으로밖에 사용할 수 없었지만, 1991년, 이익을 목적으로 하는 인터넷 공급업자의 설립이 허가됨에 따라 개인도 인터넷 공급업자를 통해 인터넷을 이용할 수 있게 되었다. 인터넷은 차례차례 새로운 네트워크가 서로 연결되어 세계로 퍼졌다. 때마침 컴퓨터가 누구라도 사용할 수 있는 PC형태로 보급되기 시작하였기 때문에 인터넷 이용자도 급증하여 오늘날과 같은 대단한 인터넷 붐이 일어나게 되었다.

우리나라에서 인터넷의 시작은 1982년 SDN(System Deve- lopment Network)이 '정보통신 기술 발전과 전산망의 한글화'를 위해 개발한 것이 그 시초이다. 이 통신망은 전자우편 정도의 서비스만을 제공하는 원시적인 통신망이었다가 1990년 하나망이 확대되면서 인터넷과 연결되었다. 그 외에 우리나라에는 2개의 큰 통신망이 더 존재한다. 1983년에 정보산업육성방안에 따라 국가 5대 기간전산망 구축의 일환으로 구축된 연구전산망과 교육전산망이 있다. 연구전산망인 KREONet(Korea REsearch Open Network)은 시스템공학연구센터(SERI)가 보유하고 있는 슈퍼컴퓨터의 이용과, 정보의 교환과 연구생산성의 향상을 위하여 만들어진 망으로 KREN이 있는데, 이는 대학 연구소, 연구실 도서관의 교육 및 연구 활동과 행정에 관련된 업무를 지원하기 위해 구성된 전산망이다. 이 망은 하나망과 연결되어 인터넷과 연결되어 있다.

본격적인 대중 인터넷서비스의 시작은 1994년 6월부터 한국통신의 KORNET으로 전국 인터넷 사용서비스가 시작되었고, 10월부터는 데이콤이 천리안을 통해, 1995년에는 아이네트에서 인터넷서비스를 시작했으며, 나우누리도 아이네트를 통해 서비스를 시작했다. 하이텔 역시 1995년 3월에 인터넷 서비스를 시작하여 본격적으로 인터넷의 대중화 길이 열렸다.

가. 인터넷의 특징

1. 신속한 정보의 교류

인터넷의 가장 큰 장점은 정보를 신속하게 주고받을 수 있다는 것이다. 정보의 형태가 문자, 음성, 동화상, 프로그램에 이르기까지 거의 모든 정보를 인터넷이 연결된 곳이면 어디서든지 주고받을 수 있다.

2. 가장 저렴한 세계적 네트워크

컴퓨터 통신을 위한 간단한 장치와 통신 소프트웨어만 준비하면 저렴한 비용으로 이용할 수 있다. 특히 인터넷 활용을 위한 인프라 구성이 잘되어 있는 우리나라는 IT 강국으로의 입지를 넓혀가고 있는데 이런 거대한 정보의 바다인 인터넷을 마음껏 즐길 수 있는 세상이 다가왔다.

3. 표준화된 통신규약(TCP/IP)

1982년, 알파넷에 점차적으로 많은 컴퓨터들이 연결됨에 따라 다양한 기종의 컴퓨터끼리도 통신이 가능하게 하기 위해서 표준화된 통신규약이 필요하게 되었다. 이를 위해 미 국방성은 TCP/IP라는 통신규약을 표준으로 선정하였다. TCP/IP는 컴퓨터에서 인터넷을 사용하기 위한 환경을 설정해 주는 프로그램이다. 기본적으로 UNIX시스템에서는 TCP/IP 환경을 제공한다. 이 표준화된 통신프로그램의 도입으로 인해 여러 독립적인 통신망들이 손쉽게 연결되면서 인터넷을 사용할 수 있게 되었다.

4. 무한한 잠재력을 가진 세계적 네트워크

멀티미디어기술 및 디지털통신기술의 발달로 인터넷의 성능은 날로 향상되고 있다. 통신, 정보고속도로, 분산형 데이터베이스가 서로 연결되고 있으며 네트워크가 점점 고도로 지능화함에 따라 세계적인 네트워크를 자신의 것처럼 만들 수도 있다.

5. 주인이 따로 없는 네트워크

인터넷은 주인이 따로 없다. 미국에서 시작은 했지만 이제는 거대한 세계적인 네트워크로 누구나 접속할 수 있고 원하는 정보를 마음껏 얻을 수 있다. 개인이나 기업이 자신의 사이트를 개설하고 운영하는 데도 별다른 제약이 없다. 따라서 활용하기에 따라 세계적인 네트워크를 자신의 것처럼 만들 수도 있다.

6. 인터액티브(Interactive) 기능

인터넷상에서 인터넷을 이용하는 사용자와 동시에 양방향의 커뮤니케이션을 수행할 수 있으며, 이것은 시간과 공간의 제약을 줄여 주는 역할을 한다. 특히 요즘은 기술의 발달로 인터넷채팅, 인터넷전화, 인터넷라디오, 인터넷 TV등이 가능해지고 있다.

7. 전 세계를 무대로 활동 가능

인터넷은 누구나 접속이 가능하다. 컴퓨터와 모뎀, 통신용 프로그램만

있으면 인터넷에 접속하여 전 세계에 연결된 컴퓨터와 상호 교류를 할
수 있는 장점이 있다. 특히 상업적 목적을 가지는 경우, 저렴한 비용으
로 효과적이고 세계적인 마케팅을 할 수 있다.

8. 초고속 통신망으로

앞으로 선진국들의 생존 전략은 정보통신 분야의 비교 우위를 점하는
것이다. 미국과 EC를 비롯한 선진 각국들은 정보산업으로 세계경제의
주도권을 확보하기 위해 정보 분야에 대대적인 투자를 하고 있는데 '초
고속정보통신망(Information Super Highway)'의 구축 사업이 그것이다.
그러나 이 통신망은 기존의 인터넷과는 달리 주인이 있는 공간이 될 전
망이다.

나. 인터넷에 접속하는 방법

인터넷에 접속하는 방법은 크게 두 가지이다. 회사나 대학에 설치되어
있는 LAN(Local Area Network)으로 접속하는 방법이 있고, 일반 가
정에서 전화선과 모뎀을 이용하여 접속하는 방법이 있다.

1. 랜(LAN)으로 접속하는 방법

학교나 회사 등 인터넷 전용선이 설치되어 있는 곳에서 사용하는 방
법이다. 랜이란 지역 네트워크란 뜻으로 보통 회사나 대학 등 제법 많
은 수의 컴퓨터를 사용하는 곳에서 업무의 효율을 위하여 서버 컴퓨

터에 여러 대의 컴퓨터를 사용하여 서로 정보교환이 가능하도록 만든 것이다. 보통 이런 랜은 인터넷과 연결되어 있으며, 랜을 이용한 인터넷의 접속은 별다른 중간 과정 없이 바로 인터넷에 접속할 수 있고 속도도 상당히 빨라서 편리한 점이 많다. 하지만 일반인들이 사용하기에는 장비와 사용료가 비싼 편이다.

2. 초고속 가입자 네트워크를 이용한 접속

과거 일반 가정에서 인터넷을 사용하려면 전화선과 모뎀을 이용하여 통신회사(하이텔, 천리안, 나우누리, 유니텔)에 전화를 걸어 접속한 후 통신회사에서 제공하는 PPP서비스를 지원 받아야 했다.

그러나 이런 방식은 효율성 측면에서 떨어지고, 더욱이 IT기술의 발전 등으로 인해 가정에서도 새로운 방식으로 초고속 인터넷 서비스를 활용하게 되었다. 대표적으로 전화선으로도 인터넷을 초고속으로 사용할 수 있는 기술인 xDSL 도입되었고 xDSL 기술 중 하나인 ADSL이 각 가정에 도입되었고 이 후 xDSL 기술의 마지막이라고 불리우는 VDSL이 등장하여 가정에서 별다른 장비의 구입 없이도 초고속 인터넷 서비스를 즐길 수 있게 되었다.

이후 누리꾼(=네티즌)들의 속도 향상 요구에 힘입어 통신회사들은 각 가정마다 속도의 꿈이라고 불리우는 광랜 서비스를 보급하고 있다.

3

인터넷 활용의 다양성

인터넷이란, 컴퓨터를 모뎀과 전화선, 광케이블, 전용선 등 공중회선 설비를 이용하여 다른 컴퓨터와 연결하여 필요한 정보를 얻거나 자료를 주고받는 것을 말하며, 다양한 정보를 획득하고 활용하기 위한 컴퓨터 응용의 한 분야라고 할 수 있다. 따라서 인터넷은 21세기 정보화 사회를 살아가는 현대인에게 필수적인 통신수단으로 급부상하게 되었다. 인터넷을 이용하여 실시간으로 뉴스나 기상 등의 생활정보로부터 경제·산업, 증권·부동산, 교육정보 등 전문정보까지 다양한 정보들을 활용할 수 있으며, 다른 네티즌들과 편지(E-mail)를 주고받거나 대화를 나누고(채팅, 화상통신), 자료를 공유함으로서 각종 정보를 서로 교환할 수 있게 되었다. 또한 홈뱅킹과 홈쇼핑을 이용하여 상품의 주문 배달은 물론 각종 예매, 은행 및 증권 업무까지 집에서 처리할 수 있게 되었다.

인터넷이 갖는 기능과 서비스는 매우 다양하며 크게 나누어 커뮤니케이션(Communication), 정보 제공(Information Provider), 그리고 트랜잭션 서비스(Transaction Service) 등으로 나눌 수 있다. 커뮤니케이션은 인터넷으로 연결된 모든 컴퓨터와 서로 연결하여 상호접속, 정보교환, 회화 통신을 할 수 있는 전자메일(E-mail), 전자게시판(BBS), 화상통신 등이 있다. 정보 제공은 호스트컴퓨터나 서버에 구축되어 있는 정보를 이용할 수 있는 서비스로 데이터베이스 서비스라고 할 수 있다. 트랜잭션 서비스는 물품의 매매나 자금의 이동이 가능한 서비스로서 온라인 쇼핑(홈쇼핑), 온라인 예약, 자료실 등이 있다.

직장인들은 여행, 레저 정보를 얻기 위하여 인터넷을 사용한다. 직장인 200명을 대상으로 직장 내 인터넷 사용 실태를 조사한 결과 32%가 여행, 레저 정보를 얻기 위해 인터넷을 이용하고 있다고 응답했다. 주식, 부동산 관련 재테크 정보(18%), 영어 등 학습 정보(16%), 연예, 오락 정보(12%) 등을 위해 직장에서 인터넷에 접속한다는 응답자도 많았으나 성인물을 보기 위해서라고 응답한 비율은 2%에 그쳤다. 인터넷 사이트 중 주식이나 음란물 등 특정 사이트의 접속을 막는 데 대해서는 52%가 막아야 한다, 48%가 막아서는 안 된다고 말해 팽팽한 의견 대립을 보였다. 또 8%가 개인 홈페이지를 가진 것으로 나타났다. 직장 내 인터넷 이용 시간에 대해서는 30분~1시간 미만이 37%로 가장 많았으며 30분 미만(27%), 1~2시간(24%)의 순이다. 인터넷 메일의 주요 사용 목적으로는 사적인 편지 교환(42%), 정보 수신(32%), 업무(25%) 등 골고루 분포를 보였다.

가. 포털 사이트

인터넷에서 포털 사이트는 네티즌들이 인터넷 접속을 위해 처음으로 방문하는 출입 사이트를 말하는 것으로, 여기서 포털(Portal)은 관문을 뜻한다. 포털서비스는 인터넷을 이용하는 수많은 네티즌들을 자신들의 인터넷 서비스 영역으로 끌어들여 이를 통해 비즈니스를 벌여 나가는 전략을 의미한다. 포털 사이트는 인터넷상에서 가능한 모든 서비스와

콘텐츠를 종합적으로 제공하는 서비스로, 네티즌들이 접속부터 종료시까지 대부분의 시간을 보내게 한다. 대형 포털 사이트 업체들로는 야후, 아메리카온라인(AOL), 익사이트 등이 있다. 이 중 야후는 인터넷 검색디렉터리 서비스 성공에 이어 포털 사이트란 개념을 만들어 낸 기업으로, 웹메일 서비스와 최신뉴스, 증권투자 정보, 직접채팅 등 디렉터리와 연결된 다양한 서비스를 포털 사이트라는 개념으로 묶어내 대량의 광고를 유치하는 데 성공했다. 전 세계 주요 인터넷 서비스 및 콘텐츠 제공업체들은 가상공간상에 커뮤니티를 형성시켜 더 많은 등록 사용자와 홈페이지 사용량을 확보할 경우 얻어지는 광고 수입과 사용자 정보를 활용한 마케팅 수입이 상상을 초월할 정도이기 때문에 자사의 인터넷 사이트를 '최대 포털 사이트'로 키우는 데 전력하고 있다. 그러나 누군지도 모르는 사용자들이 지배하는 가상공간 커뮤니티는 기존 물리적인 공간과는 달리 관리를 위해 끊임없이 해결해야 할 문제가 발생하므로 이를 간과한다면 대부분의 포털을 위한 노력은 수포로 돌아가기 쉽다. 기존의 포털 사이트인 토털 포털 사이트는 다양한 계층의 많은 사람들을 한데 모이도록 했던 특징으로, 소비자의 다양한 요구를 해소하지 못한다는 단점이 있었다. 따라서 최근에는 무역, 연예오락, 법률, 전자상거래 등 굵직한 테마에 대해 깊고 자세한 정보를 담아 특정 계층을 대상으로 하려는 전문 포털 사이트가 등장하는 추세이다.

나. 전자상거래

인터넷마케팅(Internet Marketing)은 대고객 서비스를 위한 DB마케팅

솔루션의 하나로, 인터넷을 통해 고객 한 사람 한 사람을 대상으로 하는 마케팅을 말한다. 인터넷마케팅은 데이터웨어하우징이나 데이터마이닝 등의 솔루션을 인터넷 기술을 통해 수용한다. 인터넷마케팅은 홈페이지를 이용한 '웹 마케팅'과 PUSH기술과 전자우편을 이용한 '인터넷 타깃 마케팅'으로 크게 분류될 수 있다. 웹 마케팅은 인터넷 웹사이트를 통한 자사 제품과 서비스의 홍보는 물론 고객 서비스에 대한 솔루션으로 발전하고 있다. 대표적인 사례로 신용카드사나 이동전화업체는 웹에 고객 DB를 연결해 이용대금 결제나 결제 대금 조회, 연체 조회 등의 다양한 고객서비스를 제공하고 있다. 푸시와 전자우편을 이용한 인터넷 타깃 마케팅은 푸시기술과 전자우편 엔진을 DB마케팅에 이용한 것으로, 회원 DB와 연동해 1대 1 타깃 마케팅이 가능하고 제품에 대한 설문이나 호응도 조사를 실시간으로 빠르고 쉽게 할 수 있다. 일반적인 웹 마케팅이 웹사이트를 접속하는 불특정 다수를 상대로 한 수동적인 측면을 띤다면 푸시와 전자우편을 이용한 타깃 마케팅은 원하는 고객을 선택할 수 있는 능동적인 마케팅이다. 인터넷마케팅은 시스템 구축비용이 저렴한 장점이 있으며 인터넷의 사용이 대중화될수록 더욱 힘을 발휘할 수 있다는 측면에서 기업들이 활발하게 도입하고 있는 추세이다.

다. 인터넷쇼핑

인터넷쇼핑은 인터넷상에 상점과 점포를 개설하고 사용자가 이를 방문해 물건을 구매하는 것을 말하는 것으로 전자쇼핑이라고도 한다. 인터넷 쇼핑몰을 이용할 경우 글로벌이라는 특성을 제외하고도 상당한 시간과 경비 절감은 물론이고 이에 수반한 부수적인 효과가 크며, 타 사업 분야와 달리 비교적 진입과 퇴출이 용이하다는 장점이 있다. 잠재고객과 구매고객 모두 인터넷 쇼핑 시 고려사항으로 가격, 신뢰성, 상품 품질을 꼽으며, 인터넷을 오랫동안 이용한 사람일수록, 인터넷을 자주 이용하는 사람일수록 인터넷 쇼핑에 거부감이 없다. 인터넷 쇼핑 사업자들은 가장 중요한 성공 요소로 '이용자 마인드'를 꼽고 있으며, 그 외에는 지불 결제 수단, 다양한 상품 개발, 물류 및 배송 체계, 암호 및 보안기술, 인증제도, 법제도 개선, 개인 정보 보호, 통신 속도 등 정보통신 인프라 향상을 중요한 요소로 지적했다.

라. 무선 인터넷서비스

무선인터넷서비스는 이동전화로 언제 어디서나 인터넷에 접속하여 다양한 정보 검색과 전자상거래까지 하는 서비스를 말한다. 무선인터넷은 기존 인터넷 환경의 공간적 제약을 극복한 것이 특징으로, 2세대 무선데이터 서비스로 평가 받고 있다. 이동전화가 처음 도입됐을 때는 이동전화와 PC가 완전히 별개의 존재였지만 무선데이터가 등장하면서 둘은 점차 하나로 융합되어 갔고, 최근 무선인터넷으로까지 발전하고 있다. 이동전화에 웹브라우저가 있느냐 없느냐에 따라 내장형과 비내장형으로 분류되며, 점차 이동전화만으로 모든 인터넷서비스를 즐길 수 있는 내장형이 주류를 이루어 가고 있다. 무선 인터넷 서비스를 이용하면 사이버 쇼핑, 주식매매, 은행 거래, 생활정보 등 다양한 응용 서비스를 이용할 수 있어 국내뿐 아니라 전 세계적인 핫이슈로 부상하는 추세이다.

마. 위성 인터넷서비스

위성 인터넷 서비스는 통신위성을 사용해 대용량의 정보를 고속으로
폭넓은 지역에 동시에 전달하는 것이 가능한 위성의 특성을 살린 인
터넷 정보 서비스를 말한다. 위성 인터넷의 기본 개념은 인터넷 접속
시 대량의 데이터 전송이 필요한 하향 데이터의 경우에는 고속의 위
성을 이용하고, 데이터의 양이 적은 상향 데이터의 경우에는 유선망을
이용하는 것이다. 위성 인터넷 서비스는 정보를 전달 받는 시간이 빠
르지만 데이터 송출의 효율성이 떨어져 가입자 정보를 전달하는 데는
기존 회선을 이용해야 한다는 단점을 가지고 있다. 위성 인터넷 서비
스는 화상회의와 같은 양방향통신이 필요한 분야에 응용하기에는 한
계가 있지만 원격교육이나 주문형 비디오 등 대량의 멀티미디어 정보
를 빠르게 전송 받는 데는 활용도가 높을 것으로 전망하고 있다.

바. 인터넷 GIS

인터넷 GIS는 인터넷 기술을 GIS와 접목해 인터넷 환경에서 지리 정
보를 입력, 수정, 분석, 출력함으로써 네트워크 환경에서 GIS서비스를
제공 받을 수 있도록 구축된 시스템을 말한다. 인터넷 GIS 서비스가
제공되면 공간 자료 검색에서부터 공간 분석 수행 및 이를 통한 의사
결정에 도움을 받는 등 응용분야가 다양하다. 인터넷 GIS가 가능하려
면 우선 다양한 기반 기술 개발이 선행돼야 한다. 이 같은 기반 기술
로는 공간 자료상 상호 가동성 문제 해결, 광역 통신망을 대상으로 한

분산처리 개발을 가능케 해 주는 OGIS(Open Geodata Interoperability Specification), 자바 프로그래밍 언어, 클라이언트와 서버 관계를 성립시켜주는 미들웨어, 웹 서버와 클라이언트가 문서를 통해 통신할 때 사용하는 프로토콜인 HTTP(Hyper Text Transper Protocol) 등이 필요하다. 최근 인터넷 사용자들이 급속히 증가함에 따라 GIS사용자들이 기존 전문가들에서 일반 사용자 및 단순 사용자들로 변화하면서 인터넷의 웹(Web)기반 GIS시장이 발전할 가능성이 높아지고 있다.

사. 인터넷 VPN

인터넷 VPN(Internet VPN)은 인터넷의 보편화로 인터넷이라는 공중망을 가상으로 전용망(사설망)처럼 꾸며 사용하는 가상 사설망(VPN:Virtual Private Network) 서비스를 말한다. 인터넷 VPN 서비스는 특히 해외 지사를 운영하고 있는 기업의 경우 본사와 국내 ISP를 연결하고 ISP와 각 지사를 다시 연결하는 형태로 인터넷 망을 전용선처럼 사용할 수 있다. 따라서 본사와 지사를 실제 전용선으로 연결할 때 발생하는 비용을 절감하고 시스템 관리를 ISP에 맡기므로 관리자의 업무를 줄일 수 있는 장점이 있다. 인터넷 VPN 서비스는 물류 및 유통업체의 본사, 지사, 영업소간 판매시점 정보 관리(POS) 운영이나 증권사 홈트레이딩, 기업체의 본사·지사 간 업무 연락 및 영업 시스템 공유 등에 활용될 수 있으며, 특히 영업사원의 활동이 많은 기업에서는 다이얼 업(전화접속)을 통해 어디서나 사내 망에 들어가 업무를 처리할 수 있으므로 더욱 효과적이다. 인터넷 VPN 서비스 시장은 전 세계적으로 매년 1백% 이상의 고도 성장을 거듭하고 있어 국내 시장도 본격적인 시장이 형성되고 있는 추세이다.

아. TV 인터넷서비스

TV인터넷서비스는 PC를 통해 TV 프로그램을 시청하면서 동시에 인터넷에 접속해 정보를 검색할 수 있는 서비스를 말한다. TV인터넷서비스에서 웹의 데이터는 공중파를 통해 전송 받지만 각 방송국의 웹서버에 접속할 때는 유선을 사용하므로 사용자는 PC에 TV 프로그램과 인터넷 정보를 동시에 받아 볼 수 있는 소프트웨어를 설치해야 한다.

자. 인터넷 라디오

인터넷 라디오(Internet Radio)는 방송국이 인터넷상에 있는 WWW(World Wide Web)서버에 음성/음악 데이터 파일을 준비하고 사용자가 PC 등으로부터 접속하여 재생하는 것을 말한다. 인터넷 라디오는 기존에 음성 파일 전체를 다운로드한 후에 재생할 수 있었으나, 최근에는 파일 전송 도중에도 도착한 데이터로부터 순서대로 재생할 수 있게 되었던 점에서 본래 의미의 라디오에 접근해 가고 있다. 인터넷 라디오의 예로는 미국 Real Networks사의 'RealAudio'나 일본 NTT의 'AudioLink Acoun- sticPlayer' 등이 있다.

4

정보화 사회의 전망

산업사회는 기술 면에서는 연구, 개발 및 대량 생산기술이 사회구조 면에서는 시장 경쟁 및 조직, 관리 기술이 고도로 발달한 사회이다. 그러나 그러한 사회는 물질적인 풍요로움을 가져다 주기는 하였으나 정신적인 소외감, 공해의 발생, 남북 문제, 빈부 격화 등 여러 가지 심각한 후유증들을 가져다주었다. 산업사회의 부산물인 이러한 '이지러짐'이 극복되는 사회가 곧 정보화 사회이다. 컴퓨터와 통신이 결합된 정보통신 기술의 혁신적 진전, 정보 수요의 고도화 및 다양화에 따른 데이터 베이스, 뉴미디어로 대변되는 정보의 산업화, 사무 자동화, 공장 자동화 등의 '산업의 정보화' 등 사회 전반에 걸친 큰 변화는 사회를 구성하는 여러 요소를 종합적인 네트워크로서 유기적으로 결합하는 데서 비롯되는 것이며, 그 변화를 주도하는 것이 정보통신이다.

국가 간의 차이는 있겠지만 지금까지의 정보화는 배치 처리 시스템으로서 컴퓨터를 이용한 정보의 수집·처리가 중심이었다. 컴퓨터와 통신 기능의 융합 형태로서 1960년대부터 출현한 정보통신도 주로 조직 내의 시스템이었고, 자연적으로도 대도시를 중심으로 한 것이었다. 그러나 앞으로는 모든 사람이 어떠한 곳에서라도 모든 네트워크에 접속할 수 있고 또 상호 작용적인 쌍방향 통신이나 정보 취득이 가능하게 되는 다종적인 종합 정보 네트워크의 구축이 급격히 진전되어 갈 전망이다. 이러한 광역적이고 다종적인 종합 네트워크의 구축은 정보 창조의 활성화, 정보의 자유로운 유통과 확보, 그리고 정보 이용자의 자유로운 정보 선택 기회 및 정보의 공유화를 촉진하게 되는 동시에 시장기능, 행정 기능 등의 사회적 제반 기능을 효율화하게 될 것이다. 이른바, 고도의 정보화를 통해서 사회적 변화에 유연하게 대응할 수 있게되고 그 결과 물질적으로나 정신적으로 행복하고 풍요로우며 보다 인간다운 삶을 누릴 수 있는 사회를 실현시켜 가야 할 것이다. 앞으로 구현될 정보화 사회의 이미지는 크게 4가지로 집약할 수 있다.

가. 인간중심 사회의 실현

컴퓨터를 비롯한 각종의 정보미디어와 데이터베이스를 결합한 다종적인 종합 네트워크의 구축으로 모든 사람들이 풍부한 정보를 언제 어디서나 취득하고 이용할 수 있게 될 것이다. 정보의 부족, 시간적·공간적 제약 등으로 발휘되지 못했던 개인의 잠재적 능력이 사회의 각방면에서 활용되고, 개인의 활용 영역도 정신적으로나 공간적으로도비약적으로 확대될 것이다. 또한 사회경제 전반에 걸쳐 정보화가 진전되면 국민 생활이 효율화되고 노동 시간이 단축되어 개인의 시간적여유가 풍부해지게 된다. 그 결과 사람들은 자신의 새로운 가능성을추구하면서 이를 실현하기 위해 예술, 종교, 오락, 스포츠 등 여러 분야에서 창조적인 활동을 즐길 수 있게 될 것이다.

예를 들면, 직종에 따라서는 재택 근무가 일반화되면서 과거에는 가사나 육아 등으로 가정에 구속되어 있던 여성과 외출에 어려움이 있는 노인이나 신체장애자들에게도 취업의 기회가 대폭 늘어날 것이다. 또한 획일적 교육, 지식편중 교육 등 많은 문제를 안고 있는 현재의 교육 문제에 있어서도 큰 변화가 예상된다. 즉 정보통신 시스템을 활용함으로써 각 개인의 개성과 능력에 맞춰 공부할 수 있고, 창조성과 인간성을 중시한 교육이 이루어지며 가정에서의 학습을 통하여 주부나 고령자 등 모든 사람들에게 교육의 기회가 열리게 되면서 이른바 평생 교육이 이루어지게 될 것이다.

정보화 사회의 진전은 결국 인간의 무한한 잠재적 능력을 현재화시켜 개인은 물론, 집합체인 가정, 기업, 지역 사회, 국가의 건전한 발전을 촉진하고, 따라서 인류공동체의 복지를 위한 새로운 가능성의 세계가 열리게 될 것이다.

나. 산업의 효율화 실현

정보화 사회를 지향, 추구해 나가는 과정에서 산업구조에 있어서도 많은 변화가 일어날 것이다. 즉 마이크로일렉트로닉스와 정보통신 신기술을 기반으로 한 가공조립 산업과 정보통신 산업이 발전하는 동시에 수요의 개성화, 다양화에 따른 의료, 유통, 오락 등 사회의 여러 측면에서 서비스업이 크게 성장하게 될 것이다. 이러한 산업의 고부가가치화와 서비스가 더욱 커지고, 동시에 정보의 가치가 이전보다 훨씬 높아질 것이다.

예를 들면, 기상 정보나 농사 정보를 적시에 수집하여 파종 시기나 출하 시기를 조절하는 등 농업생산 과정에서의 정보화가 촉진되며, 기업 활동에 있어서도 공장 자동화에 의한 생산성 향상이 이루어질 것이다. 또한 신문, 인쇄, 출판, 유통, 금융 등 정보와 밀접한 관련을 갖고 있는 산업은 정보 통신과 불가분의 형태로 발전하게 될 것이다. 따라서 업계의 변화, 업종의 통합이 예상되며, 현재로서는 생각할 수 없는 큰 변혁이 일어날 것으로 전망된다.

다. 자립적 지역화의 실현

정보화 사회는 보다 인간성이 존중되고 물질적으로나 정신적으로 행복하고 풍요로운 국민 생활이 실현되는 사회이다. 따라서 시간적 여유와 여가, 미적 감각, 쾌적한 환경 등 보다 인간다운 가치가 중요시되는 새로운 문화의 시대이다. 이와 같은 여유, 문화, 쾌적 등을 소중히 여기는 사회를 실현하기 위해서는 종합적인 거주 환경의 정비와 안락하고 쾌적한 지역 사회가 조성되어야 하는데, 그러기 위해서는 지역별로 자립적 발전을 도모해 나가야 한다. 사회 기능의 대도시 집중 현상에 따라 지방에 있어서의 취업 기회의 부족과 상업, 교육, 문화적 여건의 미비가 큰 장애가 되어 왔으나 이는 고도화된 각종의 정보통신 시스템에 의해 해결되어 나갈 것이다. 즉, ISDN(종합정보통신망)과 같은 정보통신 시스템이 다목적으로 구축되며 대량의 정보를 순간적으로 가공, 처리, 전송할 수 있게 되어 공장이나 사무실이 어디에 있든 제약을 받지 않고 업무를 처리하게 된다. 또한 지금까지 대도시에만 편중되어 있던 상업, 교육, 문화 등 각종 서비스를 다양한 뉴미디어를 통하여 지방에서도 쉽게 이용할 수 있게 될 것이다. 따라서 지역별로 고유한 문화와 산업을 유지, 발전시키면서 대도시 수준에 결코 떨어지지 않는 생활을 즐기게 될 것이다.

라. 국제 교류 사회의 실현

앞으로의 국제관계는 정치·경제 등 모든 면에서 상호의존 관계가 더욱 심화될 것이다. 즉, 국제 협력과 국제 교류가 매우 중요한 과제가 될 것으로 보인다. 이 같은 여건에서 시간과 거리를 초월하여 동시적인 커뮤니케이션을 가능하게 해주는 정보통신으로 국가 간의 상호 이해와 협력을 통하여 인류의 복지 향상과 세계 평화의 정착이 곧 정보 사회의 이상이다.

예를 들면, 자동 번역시스템 등을 통하여 언어의 장벽이 극복되면 단지 효율성이나 편의성뿐 아니라 세계 각 지역 문화의 상호 이해와 융화가 이루어지면서 지역별 고유 문화의 발전과 더불어 지역성을 초월한 새로운 세계 문화의 창조에 동참할 수 있게 될 것이다.

5

인터넷 관련 자격증

인터넷이 정보화 확산과 함께 인터넷 및 소프트웨어 전문 인력 수요가 빠르게 확산되면서 관련 지식이나 기술을 갖춘 전문가에 대한 수요가 늘어나고 있다. 그러나 적재적소에 배치할 전문 인력을 손쉽게 구하기 힘든 실정이며, 대학 및 교육기관에서 제공하는 인터넷 교육이 초보적인 수준에 머무르고 있다. 아직까지 국가에서 공식적으로 실시하는 인터넷 전문가 공인 자격증 시험은 없다. 대부분이 민간 차원에서 주관하는 인증 시험이다. 대표적인 것으로 한국정보통신진흥협회가 실시하는 인터넷 시스템 관리사, 인터넷 전문검색사, 인터넷 정보설계사 자격시험과 한국생산성본부의 인터넷 정보검색사 인증시험, 교육소프트웨어진흥센터가 실시하는 인터넷 실용 능력 평가 시험 등이 있다. 정보통신진흥협회가 주관하는 인터넷 인증 시험은 인터넷 관련 기술과 지식을 평가, 단계별로 자격증이 주어진다. 자격증은 기초 단계인 인터넷 정보검색사와 중간 단계인 정보검색사 1급, 전문가 단계인 전문검색사, 정보설계사, 시스템관리사 등으로 구분된다. 1차 시험은 온라인상에서 치러지며 합격자들에 한해 2차 필기시험 자격이 주어진다. 응시 자격에 제한이 없고 자격증 소지자가 많지 않아 발전 가능성이 큰 분야다.

이밖에 인터넷 관련 국제 공인 자격증으로는 마이크로소프트(MS)의 인터넷 시스템 전문가(ISS)와 노벨의 인터넷 전문가(CIP) 등이 있다. ISS는 MS의 기존 솔루션 개발자(MCSD), 시스템 엔지니어(MCSE) 자격증에 인터넷 분야를 추가한 것이다. 인터넷 서버 구축 시 보안 설정이나 서버 제품군 설치 및 최적화, 서버 구성 요소 관리, 인터넷 서버 확장을 위한 CGI나 스크립트 운영 등 인터넷 전반에 대한 기술이 필요하다. CIP는 웹사이트의 구현, 관리 및 유지를 위한 자격증이다. 이들 자격증은 국내 인터넷 자격증보다 전문성이 요구되기 때문에 기술적인 전문가로 인정받는 동시에 다양한 취업 기회를 가질 수 있다는 장점이 있다. 인터넷 산업의 성장 잠재력이 크기 때문에 인력 수요가 계속해서 늘어날 것으로 예상하고 있다. 따라서 인터넷 전문가 자격증을 취득해 놓으면 취업에 도움을 받을 수 있다. 그러나 인터넷 분야는 자격증보다는 실무 경험이 중요시되는 분야이다. 따라서 남보다 뛰어난 실력을 가지는 것이 무엇보다 중요하다.

정보통신부는 정보화 관련 각종 국가자격증을 인터넷, 멀티미디어시대에 부합토록 새로 신설하거나 세분화, 전문화하는 한편 민간 부문의 정보통신 자격시험에 대한 지원 및 육성을 통해 국가 공인 자격을 부여할 계획이다. 현행 정보 처리 기사와 정보관리기술사 두 가지로 분류된 정보처리 분야 자격증의 경우 정보처리기사는 인터넷/인트라넷, 데이터베이스관리, 멀티미디어, 시스템 분석 및 설계, 시스템 관리, 시스템 분산처리 등 6개로, 정보관리기술사는 정보시스템 감리, 정보시스템 개발 및 설계, 정보시스템운용 등 3개로 각각 세분화된다. 정통부는 또 인터넷정보검색사, PC정비사, 홈페이지 제작사, 웹마스터 등 민간자격증에 대해서는 정부 차원의 검정 장비 지원 및 제도 보완 등을 통해 우수자격증으로 육성, 국가공인자격을 부여키로 했다.

가. 컴퓨터 관련 직업이 21세기 선도

취업 개념이 평생 직장에서 평생 직업으로 바뀌고 있다. 노동부 중앙 고용정보관리소(http://www.work.go.kr)가 펴낸 '한국직업전망서'는 향후 5년간 고용 증가가 예상되는 상위 직업으로 정보·첨단공학 분야 등 전문적인 기능이 요구되는 20개 직업을 꼽았다. 또 정보화와 첨단기술의 발전, 생활수준 향상, 여성의 노동 참가 증대 등에 비춰 시스템 엔지니어, 디자이너, 항공기조종사, 사회복지사 등이 각광을 받을 것으로 내다봤다.

① 성장 직업 20선

경영컨설턴트, 번역사 및 통역사, 법률사무원, 변리사, 보안서비스 종사자, 생물공학기술자, 선물거래중개인, 시스템 엔지니어, 여행안내원, 웹마스터, 작업치료사, 전기공학기술자, 전문비서, 전자 및 통신공학시술자, 증권중개인, 직업상담원, 컴퓨터 프로그래머, 텔레마케터, 특수학교 교사, 환경공학기술자.

② 신생 직업 20선

국제회의 기획 진행자, 사이버 기상캐스터, 여행설계사, 운동처방사, 음악치료사, 장애인 직업능력평가원, 조향사, 캐릭터 엠디, 학교사회사업가, 호스피스 전문간호사, 게임시나리오 작가, 베타테스터, 보안프로그램감사, 웹디자이너, 인터넷 쇼핑몰 운영자, 정보기술컨설턴트, 정보제공자, 컴퓨터 바이러스 치료사, 컴퓨터 중매인 러스 치료사.

나. 초·중·고생 컴퓨터관련 자격증

컴퓨터 관련 자격증은 나이와 학력에 무관하므로 일정 수준의 능력이 있다면 취득할 수 있다. 또한 초·중·고생들이 컴퓨터 관련 자격증을 갖고 있으면 대입에서 유리한 고지를 점할 수 있다. 실제로 1999년 대입에서 일부 대학은 정원의 일정 수 이상을 영어·컴퓨터 등의 특기자로 선발했다. 게다가 교육부는 2002학년도 대입부터 비교과 영역의 비중을 높이고 정보소양인증제 등을 도입, 자격증 소지 여부를 수행평가 점수에 적극 반영키로 했다.

초·중·고생들이 관심을 갖고 있는 분야는 워드프로세서 자격증이나 인터넷 정보검색 자격증, ITQ 등 컴퓨터 관련 자격증이다. 실제로 임경훈(18, 광주 석산고3 휴학)군은 미국 마이크로소프트사가 주는 '마이크로소프트 공인 컴퓨터엔지니어(MCSE)'자격증을 최연소로 획득했다. MCSE는 인터넷 정보서버, 윈도, 네트워크 등 까다로운 6개 과목의 필기시험과 실습을 통과한 컴퓨터 전문가에게만 수여되는 공인 자격증이다. 현재 국내에는 1천6백여 명이 이 자격을 갖고 있지만 컴퓨터를 전공한 전문가들이 대부분으로, 이번에 국내 최연소로 자격증을 획득한 임 군의 경우는 세계적으로도 드문 예다. 마이크로소프트 공인 강사 자격증까지 갖고 있는 임 군은 최근 지방의 한 대학으로부터 컴퓨터 특강 제의까지 받고 꿈에 부풀어 있다.

다. 국가공인 정보자격증

정보통신 자격증이 인기를 끌고 있다. 'PC 정비사', '네트워크 관리사' 등 신종 자격증이 잇따라 선보이고 인터넷기술자격, PC운용능력 등 기존시험도 예비 취업자나 직장인들이 관심을 갖고 있다. 신종 자격시험으로는 한국정보통신자격협회가 'PC정비사'와 '네트워크 관리사'가 있다. 이들 자격증은 PC및 네트워크 관련 고장수리에 대한 능력을 체크하는 제도이다. PC 1천만 대 시대를 맞아 하드웨어와 소프트웨어에 대한 유지 및 보수가 많을 것을 대비해 선보이는 것이다. 협회는 PC 정비사 및 네트워크관리사 시험을 1급, 2급으로 나누어 각각 연 3차례 실시할 계획이다.

기존제도로는 한국정보통신진흥협회의 '인터넷 기술자격', 한국정보산업연합회의 'PC운용능력', 한국생산성본부의 '정보기술자격'과 '정보검색능력' 등이 있다. 인터넷 기술자격시험(인터넷 정보검색사) 은 인터넷에서 정보를 취득하는 능력을 보는 제도로 정보검색사 1급, 정보설계사 등으로 구분된다. PC운용능력시험은 토익처럼 점수 등급제로 1천점 만점에 8백점 이상이 A, 6백~8백점 B, 3백~6백점 C급으로 매겨진다. 매년 3, 6, 9월 시험을 치른다. 정보기술자격시험은 고등학생 대상의 기초 능력과 대학생 이상의 실무 능력 등 2개 부문으로 실시되며, 정보검색사는 인터넷에서 금융, 경제, 기술, 통계, 학술 자료 등을 찾아내는 능력으로 일단 영어가 기본이다. 이밖에 국가기술자격으로 정보통신 기술사와 기사가 있는데, 기술사가 연 3회, 기사 1, 2급이 7회씩 각각 실시된다.

라. 외국기업 정보통신 자격증

정보통신관련 국제 자격증을 따놓을 경우 국내·외 기업에 취업할 때 훨씬 유리한 조건이 될 수 있다. 현재 국내에 알려진 정보통신 국제 자격증은 마이크로소프트 공인 자격, 노벨의 네트워크 엔지니어자격, 선마이크로시스템즈의 자바 프로그래머, SAP사의 전사적 자원관리 전문가, 시스코의 네트워크 설계, 오라클의 데이터베이스 관리전문가 등이다. 이 중 시스코사의 네트워크설계 자격증을 갖고 있는 사람은 국내에 7명밖에 없고 가장 많은 마이크로소프트의 MS공인 제품전문가도 2천 명 안팎에 불과하다. 자격증을 따려면 각 사의 해외 본사에서 주관하는 공인시험을 통과해야 하는데 시험이 워낙 어렵고 수준이 높아 컴퓨터 전공자들도 만만찮다. 때문에 한국 현지 법인은 자격증을 원하는 사람들을 위해 국내 교육기관과 제휴하거나 자체적으로 전문 자격증 강좌를 운영하고 있다.

정보통신부는 수강료의 최대 70%까지 지원하는 정보통신 전문교육 지원 프로그램을 실시하고 있다. 대상은 대학(대학원 포함), 전문대 졸업 후 3년 동안 미취업 상태에 있거나 고용 보험이 적용되지 않는 5인 이하 사업장에서 근무하다 실직한 사람이다. 정통부는 신청자들을 상대로 영어시험 등 소정의 선발절차를 거쳐 1인당 3백만 원 한도 내에서 수강료의 70%까지 지원할 계획이다. 상세한 정보는 정통부 인터넷 홈페이지 (http://www.mic.go.kr)에 들어가면 얻을 수 있다.

마. 어도비 ACE

ACE(Adobe Certified Expert)자격증은 그래픽, 출판 관련 소프트웨어로 유명한 어도비 제품에 대한 전문가임을 인정하는 자격증이다. 그래픽 디자이너나 웹디자이너, 시스템 지원 통합자, 개발자 등을 위해 마련됐다. 이 자격증을 취득하려면 어도비 제품 숙련도 시험(Adobe Product Proficiency Exam)을 통과해야 한다. 필기시험이며 영어로 돼 있다.

현재 단계적으로 한글화 작업이 진행 중이다. ACE 자격증은 제품별로 취득할 수 있다. 예컨대 그래픽 프로그램인 포토샵의 전문성을 인정받고 싶은 사람은 이 과목 시험만 보면 된다. 현재 시험을 볼 수 있는 제품은 애프터이펙트, 아크로밧, 일러스트, 프레임메이커, 프레임메이커+SGML, 페이지밀, 페이지메이커, 포토샵, 프리미어 등 9가지다. 아직 국내에는 어도비 공인 전문가에 대한 혜택이 뚜렷하게 정의되어 있지 않지만 어도비 자격증 소지자만 들어갈 수 있는 'ACE 웹사이트'에서 최신 기술과 신제품 관련 정보를 가장 먼저 얻을 수 있다. 어도비 로고를 개인적으로 사용할 수 있는 권한도 부여받는다. 미국이나 캐나다 등의 국가에서는 직원을 뽑을 때 ACE 소지자를 우선적으로 채용할 뿐만 아니라 연봉을 최고 20~50%정도 더 주는 경우도 있다. 또 샌프란시스코나 뉴욕 등에 있는 주요 아트스쿨에서는 입학 요건으로 ACE자격증을 요구하기도 한다. 어도비 공인 자격증은 현재 국내 업체보다는 외국 업체에서 공신력이 높다.

그러나 국내에 전문가를 위한 그래픽 관련 자격증이 전무하기 때문에 ACE 자격증은 국내 업계의 표준 자격증으로 자리 잡을 가능성이 크다. 어도비 공인 자격증시험은 호주의 실반 프로메트릭사로부터 시험

파일을 다운로드받아 치는 온라인 시험이다. 시험일자는 응시자가 마음대로 정할 수 있다. 다만 어도비 공식 테스트센터에 원하는 날짜와 시간을 일주일 전에 알려줘야 한다. 시험은 60~90문항의 객관식 문제로 출제된다. 문제의 난이도는 전체적으로 평이하지만 제품의 기능을 복합적으로 활용할 수 있는 능력이 필요하다. 영어사전 이외의 다른 책을 참조할 수 없다. ACE 자격증을 준비하는 방법으로는 크게 두 가지를 들 수 있다. 어도비 공인 교육센터(ACTP)에서 강의를 듣거나 어도비 자격증 교재(CIB)로 독학한다. 공인교육센터를 이용할 경우 강사가 모두 ACE취득자이기 때문에 상세한 시험 정보를 얻을 수 있다.

6

컴퓨터 관련 지적 소유권

지적 소유권은 기술 발전에 따라 진화되는 미묘하고도 난해한 법률 영역이다. 기술의 발전은, 특히 저작권법의 적용과 효과성에 영향을 미치며 저작물의 복제와 배포를 위한 새로운 방법과 산업을 탄생시킨다. 이것은 저작자에게 새로운 기회를 부여할 수 있지만, 한편으로는 또 다른 도전을 제기하는 것이다. 저작권법은 구텐베르크의 조판 가능한 활자에서부터 디지털 녹음에 이르기까지 그리고 이 사이에 복사기, 라디오, 텔레비전, 캠코더, 유선방송 등과 같은 도전에 맞서 대응해야 했다. 디지털화와 같은 컴퓨터 기술, 그리고 광섬유와 같은 통신 기술의 이용은 저작물의 창작과 복제 그리고 이의 배포에 엄청난 영향을 미치고 있다. 컴퓨터와 통신 기술이 하나의 정보 기술로 통합됨으로써 NII(National Information Infrastructure)의 구축이 가능하게 될 것이며, 이는 저작권 시장에 일찍이 없었던 도전과 함께 중대한 기회를 가져다 줄 것이다.

정보 기반은 이미 존재해 왔으나, 이것은 아직 하나로 통합되지는 않았다. 전국의 가정과 기업에서 전화, 텔레비전, 라디오, 컴퓨터 그리고 팩시밀리가 매일같이 데이터, 문서, 음성, 음향 그리고 화상을 수신, 저장, 처리, 실연, 전시 그리고 송신하기 위해 사용되고 있다. 광섬유, 전선, 케이블, 스위치, 장거리전화망, 초단파망, 통신위성 및 기타 통신

기기들이 전화와 컴퓨터 그리고 팩시밀리를 연결하고 있다. 미래의 NII는 이들처럼 따로 연결된 통신망을 훨씬 능가하는 것이 될 것이다. 즉 그것은 이것들을 하나의 초고속, 쌍방향, 광대역의 디지털통신 시스템으로 통합할 것이다. 컴퓨터, 전화, 텔레비전, 라디오, 팩시밀리 그리고 다른 것들이 NII에 의해 연결될 것이고 또한 다른 컴퓨터, 전화, 텔레비전, 라디오, 팩시밀리 등과 통신하고 상호 작용 할 것이다. NII는 우리의 생활을 개선하고 윤택하게 할 엄청난 잠재력을 가지고 있다. 이것은 눈 깜짝할 사이에 세계 어디에나 신속하게 그리고 값싸게 전달될 정보와 오락물의 이용을 훨씬 손쉽게 만들 것이다. NII는 전 세계의 풍부한 문화 자산들에 손쉽게 접근할 수 있게 해, 예술과 문학의 범위와 향유층을 일변시키고 또 폭넓게 할 것이다. 그리고 다양한 내용으로 우리의 문화적 경험의 폭을 넓히고 다른 사회에 대한 이해를 깊게 할 것이다.

지금까지 주로 저작물의 이용자였던 개인들과 집단들이 이제는 NII를 통해 저작자가 되거나 또는 서비스 제공업자가 될 수 있다. NII는 국민들에게 고성능이면서도 다루기 쉬운 통신 및 출판 도구를 제공함으로써 다른 사람들과 교신하고, 이들에게 그의 저작물을 배포할 수 있는 능력을 심어 놓는다. NII는 저작물의 창작과 배포에 소요되는 시간을 절감시킴으로써 저작자와 이용자 모두에게 혜택을 줄 수 있다. 그리고 저작자에게는 더 넓은 시장을 열어줄 것이다. 저작자가 일단 이 새로운 시장에 진입하기로 결정하면, NII는 이용자들에게 매우 폭넓고 다양한 선택의 가능성을 제공할 것이며, 이는 경쟁을 촉진하고 가격을 내리게 할 것이다. 그러나 이러한 장점이 결코 그냥 보장되는 것은 아니다. 저작자들은 이 시장에 뛰어드는 것에 소극적인데, 이것은 이렇게 하는 것이 그들의 저작물이 이제까지의 배포 방법에 의한 것보다 해적 행위나 불법 이용 행위에 노출된 위험성이 더 높을 것이기 때문이다. 그러므로 저작자들은 이러한 환경에 그들의 저작물을 제공하려하지 않을 것이다. 심지어는 저작자들이 이렇게 위험성이 높은 환경에 그들의 저작물을 제공하지 않는다 해서 그 위험이 없어지지는 않는다. 그러므로 지적 소유권 관련법에 의해 보호되는 교육, 정보 그리고 오락 상품이 NII를 통해서 배포될 때에 효과적으로 보호받지 못한다면, NII의 가능성은 충분히 실현되지 못할 것이다. 창작자나 기타 지적 소유권자들은 NII의 환경에서 그들이 그들의 저작물에 주어질 보호기간과 조건을 설정하고 행사할 수 있도록 허용하는 적절한 시스템이 갖추어지지 않는다면 그들의 저작물을 거기에 내놓으려 하지 않을 것이다. 마찬가지로 국민들은 폭넓게 다양한 저작물들이 정당하고 합리적인 보호 기간과 이용 조건하에서 이용 가능하고 이들 저작물들의 완전성이 보장되지 않으면, NII상에 제공되는 서비스를 이용하거나 NII의 성공에 불가결한 조건인 시장을 만들어 내지 않을 것이다. 전 세계의 모든 컴퓨터, 전화, 팩시밀리, 스캐너, 카메라, 키보드, 텔레비전, 모니터, 프린터, 교환기, 장거리통신망, 전선, 케이블, 통신망 그리고 위성도 거기에 담을 내용이 없다면 NII를 성공시킬 수 없다.

가. 전자거래 기본 법안

E-mail이나 컴퓨터 화면을 통해 주고받는 전자문서도 종이 문서와 같은 법적 효력과 증거 능력을 갖게 된다. 전자문서의 전자 서명도 종이 문서상의 기명날인 또는 서명과 동일한 효력을 갖게 된다. '전자거래 기본 법안'이 의결되어 1999년 7월1일부터 시행되었다. 이 법안은 전

자거래의 신뢰 구축을 위해 전자거래를 하는 사람의 개인 정보 보호, 컴퓨터의 안정성 확보 의무 등을 규정하고 있다. 한편 정부는 이 법안을 근거로 전자화폐와 지적 소유권 보호, 소비자 보호 등 전자상거래 관련 사항을 총망라하는 '전자거래촉진계획'을 수립, 추진할 계획이다.

나. 멀티미디어와 현대저작권법

기술사적 측면에서 20세기를 산업혁명의 피날레를 장식하는 '원자의 시대'라고 한다면 21세기는 '전자의 시대'가 될 것이다. 앞으로 일국의 국가 경쟁력을 결정짓는 핵심 요소인 기술 정보 문화는 통틀어서 인간의 지적 창작의 산물이다. 때문에 미국, 유럽, 일본 등 선진 각국이 자국의 지적 창작물과 그를 이용한 관련 상품의 범세계적 차원에서의 법적 보호와 판매시장의 확보를 위해 국가적 차원에서 온갖 노력을 다하고 있는 것이 현실이다. 미국, 유럽 등은 이러한 노력의 일환으로 지구촌 차원에서 지적 소유권에 대한 법적 보호기준 및 내용 강화를 주장하며 자국의 이익을 관철시키고 있다.

93년 우루과이라운드(UR) 지적소유권협정(TRIPS) 타결, 94년 세계무역기구 (WTO) 출범, 북미자유무역협정(NAFTA) 체결, 96년 12월 국제저작권신조약 마련을 위한 제네바 외교회의의 개최와 베른의정서 채택 등이 이를 증명한다. 이러한 일련의 지적 소유권 보호 강화를 위한 국제적 움직임 중에서도 특히 선진 각국이 주목하고 있고 우리가 앞으로 더욱 관심을 쏟아야 할 분야가 바로 저작권 분야이다. 저작권 보호의 기본 목적은 문화의 향상 발전에 있고 그 보호의 대상은 저작물이다. 일반적으로 문화 예술 하면 음악가요, 공연, 무용, 연극미술,

문학, 인쇄, 출판 등만을 떠올리고 저작권 하면 그것들만을 보호하는
권리로 이해하는 것이 국내 저작권 논의의 현주소다.

7

사이버 공간에서의 음란물

아침에 일어나 신문을 들여다보면 매일같이 쏟아져 들어오는 인터넷 관련뉴스. 정보화 사회는 이미 우리 곁에 와 있으며 21세기를 논하는 데 있어서 '정보'는 필수불가결한 키워드로 자리 잡고 있다. 모든 사람이 정보의 발신자이며 수신자가 될 수 있는 인터넷, 정보의 망망대해 속에서 우리를 이끌어 줄 수 있는 신속성, 편리성이 돋보이는 신형 정보 매체이다. 그러나 현실과 가까운 곳에서 사회의 질서를 파괴하는 네트워크의 남용자, 악용자가 세계 각국에서 독버섯처럼 세력을 넓히고 있다. 인터넷의 악용의 사례는 여러 가지 형태로 보고 되어 왔다. 한편에서는 "인터넷은 관리자가 없는 점이 문제라면서 규제를 통해서 관리해야 한다."고 주장하기도 하고 다른 한편에서는 관리자가 없다는 점이 풀뿌리 민주주의의 산물로서의 인터넷의 거대한 장점이라며 규제를 반대한다.

해외의 포르노 웹사이트를 모방한 한국형 음란 사이트가 등장하는 등 '정보의 바다'인터넷에 음란물이 범람하고 있다. 특히 음란사이트 개설자는 대학생과 고교생들이 많고 이용자 대부분이 청소년인 것으로 드러나 대책 마련이 시급하다는 지적이다. 서울지검 정보화범죄센터는 최근 음란 인터넷 사이트 및 컴퓨터 통신망을 단속, 음란 사이트를 운영해 온 교사, 대학생 등 모두 15명을 13일 전기통신기본법 위반 혐의로 구속 기소하고 고교생 2명을 불구속 기소했다. 단속 결과 최근 새롭게 나타난 경향은 음란 사이트들의 '한글화'추세다. 지금까지 인터넷 이용자들은 해외의 음란, 도색성 웹사이트에 접속해 왔으나 1999년 초부터 20여 개의 한글 음란사이트가 생겨나 영어에 익숙하지 않은 청소년들을 유혹하고 있다. '사이버 조선' 등 일부 사이트들은 한 달간 접속 횟수가 10만회를 넘는 인기를 누려온 것으로 드러났다. 국산 음란 사이트들은 특히, 지난해 청소년들이 직접 제작해 물의를 빚었던 '빨간마후라'의 동영상 화면, 여배우, 탤런트 등 인기 연예인들의 얼굴과 나체사진을 합성한 사진, 여관방, 비디오방과 모 여자대학 화장실에 '몰래 카메라'를 설치해 두고 촬영한 화면, 성행위 장면 등을 난잡하게 묘사한 이른바 '야설(야한 소설)' 등으로 해외 도색사이트들과 차별화해 청소년들의 호기심을 자극하고 있다.

인터넷 규제를 찬성하는 사람들은 정치적으로 악용될 소지는 없지 않아 있지만 무시무시한 범죄자들을 양성하는 것보다는 낫기 때문이며, 인터넷 규제를 반대하는 사람들은 대부분 지식인으로 평소에 인터넷을 좋은 용도로만 사용할 것이라는 생각을 갖고 있는지도 모른다. 그러나 한국 사회에서도 검색 용어 중 가장 많이 쓰이는 단어가 '섹스'와 '포르노'라는 현실과 미국에서는 연간 1천600만 매의 포르노 사진이 인터넷을 통해 돌아다닌다는 사실은 '규제'가 주는 불쾌감보다 더 섬뜩한 느낌을 준다. 청소년의 PC 이용이 늘어나고 장려되고 있으며, 청소년들이 밤을 새워 포르노를 찾아다니는 현 시점에서 인터넷에서의 음란물은 청소년들에게 큰 문제가 아닐 수 없다. 더욱이 문제가 되는 것은 포르노만이 아니다. 포르노를 찾는 것보다 더욱 해악이 심한 인터넷 이용법이 얼마든지 있다. 특히 최근 일본의 인터넷과 인터넷의 악용 사례를 보면 도저히 간과할 수 없는 부분이 있다. 그러면 구체적으로 인터넷에서 청소년들에게 유해한 환경을 제공하는 사이트를 구체적으로 알아보기로 하겠다.

가. 인터넷 음란사이트

누구나 간편하게 정보를 주고받을 수 있다는 것은 인터넷의 장점이다. 더구나 서로 간에 얼굴을 맞댈 필요도 없으며 상대방이 누구인지도 모르는 경우가 대부분이다. 즉 인터넷의 세계는 그야말로 거대한 '익명의 섬'이다. 사람은 익명성을 획득하는 순간 돌연히 잠재적인 욕망에 대한 끓어오르는 욕구를 참지 못하는 경향이 있다. 일본의 테라크라도 바로 익명성이 보장된다는 것이 낳은 타락의 매개체였다. 익명성 문제로 인하여 세계 각국 어느 나라에서나 인터넷이 외설 문제를 일으키고 있다. 한국에서도, 미국에서도, 일본에서도 인터넷과 관련된 가장 큰 문제는 외설 문제 즉 포르노 사진의 문제였다.

누드사진을 보는 것을 그렇게 나쁘다거나 해악을 끼치는 행위로 보지 않는다. 비체계적이고 비능률적으로 진행되고 있는 지금의 성교육보다는 성을 있는 그대로 표현한 누드사진을 적절히 활용한다면 오히려 성교육이라는 측면에서 그리 해로운 것은 아니라고 본다. 아무리 인터넷에서 포르노 사진을 쉽게 구할 수 있다고 하더라도 정상적인 성인이라면 두세 시간 만에 질려 버릴 것이고 이후에는 별 관심을 쏟지 않을 것이다. 그러나 문제는 청소년들이다. 그들은 이성적인 절제를 못하고 빠져 드는 경향을 지니고 있기 때문이다. 더욱이 걱정되는 점은 변태적인 섹스를 다룬 포르노 사진들이라고 본다. 청소년기에 변태적인 포르노 영상을 보고 변태적인 망상을 하게 되면 어른이 되어서 변태가 될 확률이 커진다. 그러한 면에서는 미국보다 일본의 포르노들이 더욱 위험하다. 미국의 영상들은 90%가 단순한 여성의 전라 사진이지만 일본의 포르노 전라 사진들이 금지되어 있기 때문에 변태성 영상들이 판을 치고 있다. 이를 막기 위해 저속한 일본의 포르노 영상이 인터넷을 통해 한국에 흘러오지 못하도록 조치를 취해야 한다고 본다.

인터넷은 문명의 이기이지만 성 윤리를 무너뜨리는 데 악용되기도 한다. 최근 우리 네티즌들이 법망을 피할 수 있는 해외 업체들을 통해 홈페이지를 만들어 음란물을 유포하는 경우가 급증하고 있다. 특히 이 사이트들은 〈친구 사귀기〉, 〈애인 만들기〉등의 이름을 달아 사람들을 끌어 모은 뒤, 은밀하게 매춘이나 스와핑(애인교환) 등을 주선, 물의를 빚고 있다. 이러한 사이트들은 처음에는 홈페이지에 야한 사진이 주로 올라왔으나 요즘에는 매춘은 물론, 변태행위 사이트가 생겨나고 있다. 대부분의 사이트가 해외에서 만들어져 제재하기도 어려운 실정이다. 포르노물은 과거 외국인 모델의 누드 사진이나 성행위 장면이 주류를 이뤘으나 이제 한국인 모델도 쉽게 접할 수 있다. 또 어린이를 성적 대상으로 올리거나 가학적인 성행위 사진도 계속 늘어나고 있다. 이와 같은 현상은 일부 네티즌 사이에 음란 중독증이 확산되면서 점점 강한 자극을 찾게 되는 현상이 만연돼 있기 때문이다.

나. 몰래카메라

음란물의 주종을 이루던 서양 포르노가 시들해지고 본인들 몰래 찍은 평범한 남녀의 연출되지 않은 사랑행위가 비디오로 대량 유통되고 있다. 이렇게 매일매일 생산되는 몰카비디오의 대부분은 유통업자들과 결탁한 전문 제작자들의 소행으로 추정된다. 하지만 개인적 호기심으로 불특정 다수가 몰리는 여자 탈의실이나 공공 화장실 등을 찍어 비디오나 CD로 유통시키는 경우도 있고, 불륜 현장을 찍어달라는 의뢰인의 부탁을 받은 심부름센터 직원들이 촬영한 것을 파는 예도 적지 않다. 카메라는 객실의 비상등이나 스프링클러, TV스피커의 안쪽 등에 주로 설치된다. 유선으로 건물 안에 몰래 설치된 모니터와 녹화기에 연결돼 사용되기도 하지만 모니터 없이 일반 TV와도 연결이 가능하다. 또 영상무선송수신기를 이용하면 실내에 설치된 카메라에 찍히는 장면들을 건물 밖 자동차 안에서도 생생하게 수신해 녹화할 수 있다.

신혼여행지의 숙박업소가 몰카 찍기에 좋은 장소이며, 테이프의 상당수는 그곳에서 올라온다. 젊은 신혼부부의 상품성 때문이다. 숙박업소 종업원에게 10만~20만 원 정도 주면 협조를 받을 수 있다고 한다. 그리고 서울의 일부 지역이나 근교 러브호텔 중 몇 군데에서도 역시 객실 한두 개에 몰카를 설치해두고 있다고 말했다. 용모가 괜찮은 젊은 커플들이 들어오면 종업원이 이들을 그 방으로 안내해 음란물 주인공으로 만들어 버린다는 주장이다. 대량 복사된 음란물은 생활정보지나 인터넷의 '게시판' 또는 '장터'난 등을 통해 용산이나 청계천 등에 포진한 소매상들에게 대량으로 팔려 나간다. 광고를 보고 은밀히 연락해오는 판매상들에게 테이프는 개당 3천 원, CD는 6천 원 정도씩에 파는 것으로 알려진다. 이들 소매상은 청계천 등지를 찾는 고객들에게 적게는 2만~3만 원에서 5만~10만 원까지 받고 팔고 있다.

교수와 제자, ××콘도미니엄, 신혼부부, ××여대, 비디오방 섹스, 미시주부, 마누라의 여동생 등 구매욕을 자극하는 타이틀로 포장된다. 일부는 연출한 냄새도 풍기지만 대부분은 찍히는 사실을 모른 채 벌이는 남녀 커플의 성행위가 담겨 있다. 얼굴모습과 대화 내용이 또렷해 당사자들에겐 치명적이다. 여자 탈의실도 나체로 거울을 보거나 잡담을 나누는 장면이 목소리까지 곁들여져 누군지 금방 확인이 가능할 정도며, 낯 뜨겁게도 초·중·고 소녀들이 주로 찾는 스티커 사진 부스의 단상에서 치마 속을 올려 찍은 '업 스커트'도 있다.

다. 인터넷 매춘

인터넷 홈페이지에는 각종 매춘업계, 풍속업계 광고들이 난무한다. 포르노 사진을 공짜로 보여주는 홈페이지들은 대부분 이런 업체들의 광고수단으로 이용하고 있는 것들이다. 인터넷을 통한 풍속업계의 광고가 있지만, 매춘업계의 광고는 잘 눈에 띄지 않는다. 매춘은 불법이므로 불법영업을 하는 업소에서 최근 당국의 감시의 눈이 번뜩이고 있는 인터넷에까지 굳이 광고할 이유가 없기 때문이다. 일본의 매춘은 다이얼 Q2, 테라크라, 투쇼트 다이얼, 삐삐, 휴대폰, 프린터클럽 등 모든 첨단 상품 및 최신 상품을 이용하면서 발전해 왔다. 최근 가장 주목을 받고 있는 정보 매체가 인터넷이다. 정보의 발신과 수신이 빠르고 편리하다는 점이 매춘을 하는 여성들에게 있어서는 매력 만점이기 때문이다. 또, 인터넷은 다른 매체들이 갖고 있지 못한 장점을 갖고 있다는 점도 주목을 받는 이유 중의 하나이다. 음성 정보, 영상 정보 등 각종 정보가 통합되어 이용될 수 있다는 점이다. 인터넷을 사용하여 매춘을 하는 여성의 경우, 자신의 얼굴 사진을 공개하는 여성이 태반이다. 또한 자신의 누드를 공개하는 데 거부감이 없어진 최근의 여성들은 아예 전라에 가까운 사진을 인터넷 홈페이지에 싣기도 한다.

한 여성은 텔레비전과의 인터뷰를 통해서 자신의 경험담을 애기한 적이 있는데 이용자인 남성에게도 자신에게 미리 사진을 보내줄 것을 요구하므로 사전에 서로 상대방의 외모를 알 수 있다는 점이 장점이라고 한다. 전화를 사용해서 매춘을 할 때는 막상 만나 보면 외모가 맘에 안 들어 취소한 적이 많았었는데 인터넷을 사용한 이후로는 그런 염려가 없어졌다고 한다. 참고로 그녀는 대학 3학년으로 애인도 있다. 그럼에도 불구하고 용돈이 필요해서 일주일에 두 번 정도 몸을 팔고 있다고 한다. 그리고 그녀의 애인은 그 모든 사실을 알고 있다고 한다.

인터넷을 통해서 매춘을 하는 데에 여성만이 정보를 발신하는 것이 아니다. 남자들도 정보를 발신한다. 어떤 인터넷 홈페이지 중에서 매춘할 여성을 찾는 남성의 숫자가 가장 많았던 모 홈페이지에는 180여 명 이상의 남자들 프로필이 망라되어 있었다. 프로필의 내용은 나이, 주소, 직업, 별명, 키, 취미, 한가한 시간대, 좋아하는 체위, 필살기술, 성감대, 사이즈, 자기PR 등으로 구성되어 있다. 96년까지는 인터넷을 통한 아마추어 매춘은 여대생이나 전문 직장인 같이 컴퓨터를 접할 수 있었던 여성들이 주로 이용했었다. 아마추어 매춘의 주역인 여고생들은 대부분이 인터넷에 정보를 발신할 만큼 컴퓨터를 다룰 능력이 없었기 때문이다. 그런데 일본의 얄팍한 상술은 이런 수요를 내버려 두지 않았다. 올해부터 여고생의 메카 시부야에 있는 전자오락실에서는 인터넷에 정보를 쉽게 발신할 수 있는 오락기 시스템을 도입하고 있다. 모 전자오락기 메이커가 새로운 시스템을 만들어 낸 것이다. 이제 인터넷에서 여고생의 사진과 휴대전화의 번호가 적힌 홈페이지를 찾는 것은 그리 어려운 일이 아니다.

라. 변태성 홈페이지

변태성 인터넷 홈페이지는 각종의 불건전 인터넷 홈페이지 중에서 그 악랄함의 극치를 달리는 홈페이지들이다. 변태성 홈페이지는 인터넷 출발과 동시에 진출하였다고 얘기해도 될 정도로 인터넷의 선두 주자 중의 하나이다. 변태는 전반적으로는 종류가 다양하다는 점에서 각각의 경우는 소수인 경우가 많다. 소수의 사람들이 비슷한 취미를 가지고 있는 사람들을 찾는데 가장 효과적인 매체가 인터넷이라는 인식 때문이다.

이전에는 소수의 애호가들이 동호인을 모으기 위해 대표적이고 유일한 매체인 변태 잡지의 투고란을 이용했었다. 이 형식은 자신은 이러이러한 취미를 갖고 있으니 흥미가 있는 사람들은 연락해 달라는 식이었다. 그러나 이 방법은 자신의 이름과 주소를 공개해야 한다는 결정적인 약점이 있었다. 특히 초변태성 취미를 갖고 있는 사람일수록 자신을 공개하는 것을 꺼린다. 경우에 따라서는 그런 약점을 무기로 돈을 뜯으러 오는 사람들이 있기 때문이다. 그런 면에서 보았을 때 익명성이 보장되는 인터넷은 소수의 사람들이 자신과 비슷한 취미를 가지고 있는 사람들을 안전하고 쉽게 찾을 수 있는 최상의 도구라고 말할 수 있다. 결과로 일본의 외설 인터넷 홈페이지의 50% 이상이 변태성이 농후하다는 특징을 갖고 있다.

변태성 홈페이지 중에서 세계적으로 문제가 되고 있는 것은 어린 여자아이를 성적 대상으로 삼는 유아 성애적 변태 즉, 일본에서 흔히 말해지는 '로리콘 변태'의 홈페이지들이다. 미국의 경우 포르노에 대한 규제가 심하지 않으므로 각종 과격한 포르노 사진을 보여주는 인터넷 홈페이지들이 부지기수로 존재하나 어린 여자아이 누드 사진은 한 장도 존재하지 않는다고 해도 과언이 아니다. 오히려 미국의 인터넷 검색사이트에 들어가서 로리콘이라든가 Child 등의 키워드로 검색을 하면 일본의 홈페이지들이 즐비하게 검색될 뿐이다. 어린소녀의 누드사진을 싣는 홈페이지의 특징은 처음에는 얼굴 사진만을 보여주면서 누드를 보려면 돈을 내고 회원이 되라고 유도한다. 회원으로 유도하는 이유는 돈을 벌겠다는 속셈도 있지만, 일반 공개를 하면 법에 저촉되기 때문이다. 모든 것이 회원제 서클로 가장하면 법의 저촉을 받지 않는 것이 일본의 현실이다.

마. 야설사이트

야설사이트는 음란한 이야기로 구성된 인터넷 홈페이지이다. 인터넷의 음란물은 주로 외국 성인사이트를 통해 전파됐지만 최근에는 국내 네티즌들이 직접 글과 사진을 올리는 홈페이지들이 급증하고 있다. 그동안 정부와 국내 인터넷·인터넷서비스 제공업체들은 가상공간을 거쳐 음란물이 유포되는 것을 강력하게 단속해 왔다. 그러자 일부 네티즌들이 단속의 손길이 미치지 않는 해외 인터넷 사이트에 음란물을 올려놓기 시작, 계속 확산되고 있다. 야설사이트 제작자들이 주로 이용하고 있는 곳은 줌(xoom)·트라이포드(tripod)·시지아이서버 (cgiserver) 등 미국과 일본의 무료 홈페이지 제공 업체이다. 이들은 이 곳에 조잡한 형태의 홈페이지를 만들어 놓고 직접 선정적인 사진과 글을 올리거나 이용자로 하여금 자료를 올려놓게 하고 있다. 무료 서비스여서 자료를 올려놓는 공간이 모자랄 경우에는 사이트를 몇 개 더 만들어 연결시키는 방법으로 운영하고 있다. 해외 인터넷사이트의 경우는 막기가 쉽지 않으며, 청소년들에게 건전치 않은 정보를 접촉케 하는 주요 통로인 것으로 드러났다.

인터넷과 인터넷 등에서 청소년들에게 인기를 끌고 있는 음란물 중 야설(야한 소설)로 불리는 창작물들이 청소년들에게 큰 악영향을 끼칠 우려가 높은 것으로 나타났다. 한국컴퓨터생활연구소(소장 어기준)는 음란창작물 차단 프로그램 개발을 위해 인터넷과 인터넷에서 야설 133편을 수집, 내용을 분석한 결과 전통 윤리나 정상적인 사고방식 등에서 벗어난 소재와 성에 대한 노골적인 표현 등이 많아 청소년 정서에 피해가 우려된다고 3일 밝혔다. 조사결과에 따르면 성행위를 주로 다루고 있는 야설에서 묘사되고 있는 성행위 대상은 성인과 미성년, 미성년과 미성년 사이의 성행위가 각각 41%와 24%로 성인과 성인 사이의 성행위보다 오히려 많았다. 내용도 근친상간이 36%를 차지하고 강간 16%, 부부 또는 애인 교환 12% 등으로 비정상적인 성행위가 주류를 이루고 있으며 근친상간 중에서도 친 가족 내의 성관계가 57%를 차지해 전통적인 윤리에서 크게 벗어난 내용인 것으로 나타났다.

바. 여자 연예인들의 합성사진

인기 여자 연예인의 얼굴에 정체를 알 수 없는 알몸을 올려놓은 포르노 사진을 인터넷을 통해 배포하는 사이버 테러가 심각하다. 스커트를 걷어 올려 속옷이 훤히 들여다보이는 장면, 팬티를 엉덩이에 걸치고 엎드린 모습, 블라우스 단추를 풀어헤쳐 가슴이 드러난 모습, 심지어 전라까지 다양한 포즈를 취한 포르노 모델의 몸에 인기 스타들의 얼굴을 붙여 놓은 컴퓨터 합성사진이 사이버 공간을 유영하고 있다. 조잡한 기술로 만들어져 가짜라는 것을 금방 알 수 있는 이 사진들은 외국 포르노 모델로 보이는 알몸에 미녀 스타들의 얼굴만 살짝 올려 놓은 것이다.

이들이 제작한 가짜 사진에는 20여 명의 여자 연예인 얼굴이 들어 있다. 심은하, 김희선, 김혜수, 송윤아, 송혜교, 김지호, 고소영, 이영애, 채시라, 채림, 이승연, 김지수, 김현주, 강성연, 김지혜, 최강희, 이제니 등 톱스타들이 망라돼 있고, 미성년자인 SES, 핑클, 박지윤 등 10대 스타도 포함돼 더욱 충격을 주고 있다. 가장 먼저 검찰에 고소장을 제출한 김혜수, 송혜교, 허영란, 강성연에 이어 고소영, 이제니, 송윤아, 이제니, 김지혜, 김현주, 이영애가 합성사진으로 자신들의 명예를 훼손시켰다며 공급자를 고소했다. 이밖에도 10여 명의 여자 스타들이 집단 고소에 동참할 예정이다. 수년 전부터 가짜 포르노 사진으로 피해를 보아 왔으나 범인을 잡을 길이 없어 속을 태워 온 인기 여자 연예인들은 "이번에 집단으로 고소하게 된 것은 이러한 사건이 되풀이되는 것을 막기 위함"이라고 입을 모으고 있다.

일부 인기 연예인들의 섹스비디오물이 시중에 유포되고 있다는 소문도 파다하다. 탤런트 C양, J양, K양, 모델 L양 등 그러나 이들 대부분이 사실 무근인 것으로 드러났다. C양의 경우, 세운상가에서 입수한 테이프 확인 결과 C양과는 어디도 닮은 데가 없는 직업 포르노 여성이 등장하는 단순한 섹스비디오로 밝혀졌다. 20대 초반의 J양 비디오도 마찬가지. 30대로 보이는 여성이 파트너와 정사를 하는 내용일 뿐이다. 이들 테이프는 겉면에 C양과 J양의 성씨를 각각 적은 스티커를 붙여 15만~20만 원에 암거래 중이다. 올해 초 'O양 비디오'사건이 큰 파문과 함께 호기심을 불러일으키자 이에 음란물 판매상들이 평범한 비디오물을 유명 연예인 이름으로 포장해 고가에 파는 사기극인 셈이다.

사. 인터넷 PC 게임방

대학가는 물론 주택가에까지 보급돼 성업 중인 PC방에 대한 대책 마련이 시급하다. 보급 당시엔 '컴퓨터게임방'이란 이름으로 인터넷 검색과 전략 시뮬레이션 게임을 하는 정도가 고작이었으나 PC의 속성상 그 활용과 기능이 무궁무진해 사무 관리에서 통신, 금융, 오락에 이르기까지 기능의 다양성이 하루가 다르게 늘고 있다. 그러나 PC방을 건전하게 관리할 법령은 마련돼 있지 않아 많은 문제점을 야기한다. 첫째, 음란성과 폭력성 영상물이 인터넷을 통해 청소년에게 보급되는 것에 대한 대책이 전무하다. 둘째, 청소년의 흡연을 규제할 수 있는 법규가 없어 실제로 청소년의 애연 장소로 전락하고 있으며 24시간 영업하므로 숙박 시설처럼 이용되기도 한다. PC방의 편리함이라는 순기능 외에 역기능 또한 심각한 수준인 것이다. 이용자의 연령에 따라 늦은 시간 출입을 제한하거나 음란물 사이트를 차단하도록 하는 등 대응책이 마련되어야 한다.

8

음란물 차단프로그램

2006년 1월 19일 공포되어 본격시행을 앞두고 있는 게임산업진흥법 개정안 28조 5호를 보면 '청소년이 이용할 수 있는 게임물 및 컴퓨터 설비 등에 문화관광부장관이 고시하는 음란물 차단 프로그램 또는 장치를 설치할 것'을 명시하고 있다. 이에 의거하여 PC방 사업주들은 의무적으로 매장 내 손님좌석의 컴퓨터(클라이언트)에는 음란물차단프로그램을 설치해야 한다.

음란물차단프로그램은 문화관광부가 기획하고 산하기관인 게임물등급위원회에 위탁하여 선정하는 방식으로 2006년 4월 '그린웨어'를 포함한 7개 제품을 심사를 통해 선정하였다. 따라서 전국 PC방 사업주들은 문화관광부가 선정한 7개 음란물차단프로그램들 중 1가지를 선정하여 전 좌석에 설치해야 한다. 이런 움직임에 PC방 관련단체는 7개 음란물차단프로그램제작사와 공조 및 제휴를 통해 프로그램배포를 논의하였고 대형 게임사를 중심으로 인터넷PC문화협회와 PC방협동조합은 프로그램을 선정, 가맹PC방에 배포를 시작했다.

음란물 차단 프로그램으로 선정된 7개사는 그린웨어(㈜네티모커뮤니케이션즈), 맘아이(㈜제이니스), 엑스키퍼(㈜지란지교소프트), 오아시스(㈜소프트런), 웹클린(㈜넷피아닷컴), 이지키퍼(㈜피엠비정보통신), 피씨쉴드(㈜이미즈네트웍스)로 국내에서 소프트에어 기술 개발의 선두를

점하고 있는 회사들이다. 그러나 일부 음란물차단프로그램에서 인터넷 속도저하, 광고페이지 강제이동, PC다운현상등 크고 작은 문제가 발생하고 있어 업주들의 신중한 판단이 요구되고 있다.

최근 게임사를 통해 무료로 음란물차단프로그램을 설치한 서울 양천구에서 PC방을 운영하는 김모 업주는 '큰 게임사에서 제공하는 프로그램이라 믿고 설치했는데 문제가 많았다'며 '특히 리니지를 하던 손님자리의 PC가 갑자기 멈추는 바람에 아이템보상을 요구하는 손님들로 인해 곤욕을 치뤘다'고 하소연을 하고 있으며, 특정사이트가 감지가 안되고 버젓이 화면에 나타나거나 PC속도가 눈에 띄게 느려지는 경우도 발생하는 등 설치 이후 크고 작은 문제가 매장에서 발생하고 있는 것으로 밝혀졌다.

그러나 이 같은 음란물 차단 프로그램은 한계가 분명히 존재한다. '섹스' 등 비교육적인 단어를 차단하는 것으로 음란사이트 모두를 막을 수는 없을 뿐더러, 기존의 음란사이트를 자동 검색해 차단하는 방식은 새 사이트가 개설되는 것을 막지 못하기 때문이다. 그러므로 차단 프로그램을 설치했다 하더라도 청소년들은 마음만 먹으면 얼마든지 음란물을 찾아갈 수 있다.

청소년들의 음란문화 접촉 실태는 어른들의 상상을 뛰어넘는 수준이며 우려할 수준이다. 한글사이트가 나와 영어를 모르는 청소년들까지도 접속이 가능해 무차별적인 음란물 유혹에 시달리고 있는 상황이며 퇴폐적인 음란 소설이나 누드 사진 등의 접속 횟수가 상상을 초월할 정도이며 감수성 예민한 청소년들이 수시로 성범죄의 충동을 느끼고 있을 뿐 아니라 음란물 판매에 고교생까지 가담하는 실정이다. 특히 사이버상의 음란물을 전파하는 사람들이 수시로 주소를 바꾸고 있을 뿐 아니라 인터넷 자체가 공개된 시스템이어서 단속도 어려운 실정이기 때문에 익명성을 이용한 범죄를 막기 위해 '컴퓨터통신 실명제' 도입도 검토되고 있다. 어른들이 컴퓨터를 모른다고 피하지만 말고 기본적인 컴퓨터 작동 원리를 익히려는 노력을 해야 할 것이며 컴퓨터를 집안의 개방된 장소에 놓아 서로 교류하는 것도 하나의 방법이다.

가. 성적 도의 관념에 어긋나면 음란물

외국에서는 작품성을 인정받은 소설이라도 우리의 성적 도의 관념에 어긋난다면 음란물에 해당한다. 음란이란 개념 자체가 상대적이고 유동적인 것이므로 외국의 애정·선정물에 대한 긍정적 평가를 우리 사회에 그대로 적용할 수 없다. 즉, 우리 사회에서 받아들일 수 없을 정도로 노골적이고도 상세하게 묘사했다면 음란한 간행물에 해당한다.

중·고생들이 직접 제작·출연한 음란물 '빨간마후라' 파문이 일고 있는 가운데 중학생 절반 이상이 음란비디오를 본 적이 있다는 조사 결과가 나와 충격을 주고 있다. 이 같은 사실은 서울 중화중 최태수(38, 교사)선생이 최근 건국대 교육대학원에 제출한 '중학생 비행실태 분석에 따른 생활지도 대처방안에 관한 연구'란 석사 논문에서 밝혀졌다. 논문에 따르면 서울 시내 중학생 7백94명(남녀 각각 3백97명)을 대상으로 한 설문조사 결과 52.7%가 음란비디오를 본적이 있다고 대답했다. 남학생(66%)뿐만 아니라 상당수 여학생(39.3%)도 음란비디오를 시청한 것으로 밝혀져 음란비디오 시청이 남학생만의 문제가 아닌 것으로 드러났다. 학년별 시청 경험은 1학년 36.5%, 2학년 51.5%, 3학년 60.7%로 학년이 올라갈수록 큰 폭으로 늘었다. 학생들이 음란비디오를 시청한 곳은 '친구 집(53.8%)'과 '자기 집(30.9%)', 특히 맞벌이 가정의 학생 시청(57%)이 전업 주부 가정(50%)보다 다소 높게 나타났다. 고려대 김준호 교수(사회학과)는 최근 대한가족계획협회 산하 한국성문화연구소주최로 열린 '성교육 프로그램 개발 세미나'에서 발표한 '청소년 성비행의 실태와 원인'이라는 보고서를 보면 서울 지역 고교 2년 재학생 5백23명을 상대로 한 설문조사 결과 조사대상 중 78%가 컴퓨터를 통해 음란물을 본 적이 있는 것으로 나타났다. '컴퓨터를 통한 음란물을 언제 처음으로 접했느냐'는 질문에 6.7%는 초등학교시절, 12.3%는 중 1년, 20.7%는 중 2년, 30.6%는 중 3년, 21.7%는 고 1년, 6.7%는 고2년이라고 답했다. 또한 조사 대상의 90.1%(중복대답 허용)가 성인용 만화를, 84.3%는 포르노 비디오를, 63.1%는 포르노 잡지를, 51.2%는 포르노 사진첩을, 86%는 성인용 비디오 영화를 접한 경험이 있다고 답했다. 음란물을 처음 접하게 된 경로로는 컴퓨터를 통한 음란물의 경우 76.2%, 포르노 비디오는 85.8%, 포르노 사진첩은 86.8%, 성인용 만화는 58.7%가 친구를 통해 접하게 됐다고 답해 청소년들 사이에 음란물이 광범위하게 확산되고 있는 것으로 파악됐다. 이 같은 음란물 확산으로 청소년의 성 비행도 크게 늘고 있는 것으로 조사됐는데 조사 대상의 10.1%는 '여자 친구와 성관계를 가진 적이 있다', 10.9%는 '혼숙 경험이 있다', 3.4%는 '사창가에 간 적이 있다', 2.2%는 '부녀자를 강간한 적이 있다', 1.8%는 '퇴폐 이발소를 출입한 적이 있다'고 응답했다.

김 교수는 "우리나라 청소년들이 어린 시절부터 각종 음란물에 무방비 상태로 노출돼 있으며 특히 컴퓨터의 보편화로 인해 이를 통한 음란물 확산이 가장 큰 문제"라고 지적했다.

나. 포르노 CD

1968년 미국에선 '외설과 포르노그래피에 관한 위원회'가 구성됐다. 포르노를 단속하려면 그 유해성을 입증해야 한다는 여론 때문이었다. 위원회는 2년 동안의 실증적 연구 끝에 포르노의 판매 및 배부 금지에 관한 법률 폐기를 건의했다. 그러나 포르노의 유해 여부는 여전히 논란거리다. 1996년엔 새로운 사회문제가 된 인터넷 음란물 확산을 막으려 '연방통신품위법' 제정을 시도했으나 위헌 판결이 내려져 무위로 돌아갔다. 대신 사이버패트롤 사이버시터 등 검열 소프트웨어만 등장했다.

국내에서도 인터넷 음란사이트와 이를 이용한 포르노CD 근절이 현안으로 떠올랐다. 비디오가 구입 및 대여 시 누군가와 마주쳐야 하지만 인터넷은 익명성이 보장돼 빠르게 확산된다. 남의 눈을 피할 수 있고 공간 제약이 없어 혼자 혹은 여럿이 모여 PC포르노를 즐긴다. 이런 바람을 타고 근래엔 상업용 이외에 아마추어음란물이 늘어나 충격을 주고 있다. 최근 화제가 되고 있는 오양 포르노 사건은 대표적인 경우다. 비디오테이프의 내용이 인터넷에 올려지면서 포르노CD가 제작돼 이미 수십만 명이 봤다는 것이다. 불법 포르노가 이처럼 판치는 건 넘쳐나는 수요 때문이다. 인터넷에 음란물을 올리면 명예훼손죄 등이 적용되지만 이들 대부분이 외국서버를 이용하는데다 자주 사이트를 옮겨 찾아내기 어렵다는 것도 불법 포르노사이트나 CD 성행의 요인이다. 성을 터부시해 온 우리나라에서 갑작스런 음란물 홍수는 부작용을 유발할 수 있다. 특히 자극에 민감하고 자제력이 약한 청소년들에게 미치는 영향은 측정하기 어렵다. 합법적 포르노라도 청소년에 대한 적절한 차단 장치가 없는 상태에서 컴퓨터를 통한 무차별 공급은 제재할 필요가 있다. 최초 유통자를 끝까지 추적해 처벌해야만 재발을 막을 수 있다. 불법 프로그램 차단 소프트웨어의 보급 활성화 노력도 함께 병행하는 것이 중요하리라 본다.

다. 인터넷-등급심의제

1999년 5월부터 인터넷과 인터넷에 대한 등급제가 도입돼 청소년들이 음란물 같은 불건전 정보를 이용하는 것이 원천적으로 차단된다. 정보통신부는 인터넷과 인터넷을 통해 욕설 같은 언어 폭력과 음란성 동영상 정보가 무분별하게 유통되는 것을 막기 위해 빠르면 1999년 5월부터 '컨텐츠 내용등급제'를 도입, 시행하고 있다. 등급제는 언어, 성과 누드, 폭력 등 세 가지 정보에 대해 각각 전 연령 이용 가능 정보, 만 18세 이상 성인용 정보, 등급 외 정보 등 세 등급으로 구분, 등급 외 정보는 유통을 금지토록 하는 방식으로 운영된다. 등급 구분은 정보제공업체(ISP)들이 자율적으로 하도록 하되 정보통신 윤리 위원회가 사후 심의를 통해 부적절한 등급 구분에 대해서는 권고 형태로 변경 및 재조정을 요구할 수 있도록 했다. 정통부와 윤리위원회는 등급제 운영 성과를 보아 세 단계인 등급제를 보다 세분화하고 시정 권고를 따르지 않는 ISP에 대해서는 제재할 수 있는 제도적 장치를 마련할 계획이다. 세계적으로도 웹사이트의 폭력과 음란성에 대해 등급을 매기는 국제기구가 이미 결성됐다. 아메리카 온라인(AOL), 마이크로 소프트(MS) 등 컴퓨터 및 인터넷 관련 대기업들이 국제콘텐트 레이팅협회(ICRA)를 결성해 영국에 본부를 두고 각국의 문화적 차이를 고려해 등급을 매겨 영어, 불어 등 각국 언어로 서비스할 계획이다.

라. 인터넷 음란물 차단프로그램

정보의 바다 인터넷은 음란물의 바다이기도 하다. 사진이나 동영상의 형태로 유통되는 인터넷 음란물은 컴퓨터를 잘 다루지 못하는 기성 세대들이 그 실체를 이해하지 못하고 허둥대는 사이 현실과 가상 공간을 넘나들며 청소년들의 정신을 좀먹고 있다. 청소년들 사이에서 이뤄지는 컴퓨터 음란물 유통은 친구를 통한 경우가 대부분이다. 한 친구가 CD롬을 구입하거나 컴퓨터통신망에서 파일을 다운받으면 그것을 반 친구들끼리 돌려보는 경우가 많다. 청소년들은 음란 CD롬을 세운상가 등 컴퓨터 전문상가에서 구입한다. 인터넷이나 인터넷에서 내려받기도 한다. 문제는 이들 인터넷 음란물중에는 성에 대해 한국보다 훨씬 관대한 외국에서도 심각하게 받아들일 만큼 상식을 벗어난 것들이 많다는 점이다. 특히 우려되는 것은 한글 음란사이트의 등장이다. 사정 당국의 단속으로 한국에서는 음란사이트를 개설하기 어려워지자 주로 외국에 사는 교포와 유학생들이 만들고 있다. 일부에서는 한글 음란사이트만 전문적으로 운영하는 기업까지 나타나고 있다. 일본 음란사이트를 한글로 바꿔 서비스하는 것도 나와 네티즌들의 화제를 모으기도 했다. 이처럼 인터넷에 음란물이 넘치면서 청소년 자녀를 둔 부모들의 걱정이 태산 같다. 아예 인터넷을 못 쓰게 하면 음란물로부터 자녀들을 보호할 수 있지만 그럴 수는 없는 노릇이다. 그렇다고 아이들이 인터넷을 쓸 때마다 옆에 앉아 지켜볼 수도 없다. 이런 고민을 해결해 주는 것이 음란물 대응 프로그램이다. 이 프로그램은 '음란물 검색 프로그램'과 '인터넷 차단 프로그램' 두 종류로 나눌 수 있다. 음란물 검색프로그램은 컴퓨터의 하드디스크, CD롬, 디스켓에 담긴 음란물을 쉽게 검색하는 기능을 가지고 있다. 인터넷 차단 프로그램은 인터넷에 들어가 음란 폭력 유해 정보를 못 보게 해준다. 두 프로그램은 상호보완적인 기능을 가지고 있어 함께 사용하면 효과적이다.

마. 시민단체, 음란물 차단 인터넷정보규제 반대

최근 정부가 청소년들의 인터넷 음란물 접근을 차단하기 위해 "사이버 공간에 국경을 세우겠다"는 내용의 인터넷 정보규제 정책을 밝힌 데 대해 시민 단체들이 "실효성이 없다"며 반대하고 나섰다. 사단법인 시민사회네트는 17일 민주사회를 위한 변호사모임(민변) 등 17개 단체가 참여한 성명서를 통해 "국무총리실 산하 청소년보호위원회가 사이버 공간에 국경을 세우겠다는 방침을 밝힌 것은 사회적으로 위험하고 기술적으로 무지한 발상으로 이에 반대하며 적극 대처할 것"이라고 주장했다. 성명서는 우선 "청소년 정신건강을 해칠 우려가 있다"는 모호한 규정의 청소년규제법에 근거한 이번 방침은 처음에는 음란물 규제로 시작하겠지만 그 범위를 확대시킬 우려가 크다고 지적했다. 또 국내 영화와 달리 기하급수적으로 증가하는 인터넷사이트는 그 의도나 내용을 파악해 분류하는 것은 불가능하기 때문에 '실효가 없는 규제'가 될 것이라는 점도 반대 이유로 들었다. 특히 청소년보호를 빌미로 모든 국민들의 정보접근권을 심각하게 막는 효과가 있기 때문에 '과대한 규제'가 될 것도 우려했다.

이와 함께 정부의 이번 방침은 인터넷 음란사이트 목록을 만들어 인터넷서비스업체의 장비에 저장, 비교 처리해야 하는데 이럴 경우 수억~수십억 원의 비용 부담이 수반되며 이는 곧 정보산업 및 사용자들에게 부담이 되고 결국 인터넷 발전을 저해하는 결과를 초래할 것이라고 지적했다. 시민사회네트는 또 세계적으로 정보의 규제는 청소년 부모 등 각개인의 판단에 따르는 것이 추세인 점을 감안하면 참여 민주주의를 지향하는 정부 이미지에도 치명적인 상처를 주고 국가적 위신에 문제가 있을 것이라고 주장했다. 성명서는 이 같은 지적처럼 표현의 자유 및 정보접근권 침해해 위헌의 소지가 있는 이번 정책의 시도를 중지할 것을 강력히 요구하고 정보공간에서의 문제는 '우리말로 된 다양한 정보의 부재'가 중요한 원인이므로 이를 촉진하는 정책을 추진할 것을 요구한다고 밝혔다.

절반 이상의 네티즌들은 인터넷서비스업체(ISP)가 청소년들이 포르노물을 보지 못하도록 해야 한다는 생각을 갖고 있는 것으로 나타났다. "ISP에 포르노물을 막도록 의무화하는 정책에 대해 어떻게 생각하십니까" 라는 질문에 10명 중 6명 이상이 "찬성한다"고 응답했다. 정부 정책을 지지하는 이유로는 "청소년들이 포르노물에 무방비상태로 노출되는 것을 막아야 한다"는 점이 가장 높았다. "모방 성범죄가 우려된다"거나 "O양 비디오에서 보듯이 사생활 침해가 우려 된다"는 의견도 많았다. "외국 성 문화가 네티즌들에게 안 좋은 영향을 미칠 것"이란 의견은 적었다. ISP가 음란물을 차단하는 데 반대하는 네티즌들은 "정보 공유라는 인터넷의 정신에 정면으로 위배된다(36%)"고 지적했다. "음란물을 완벽하게 차단하기 어렵다(25%)"거나 "차단 대상 음란물을 선별하는 기준이 불확실하다(24%)"며 기술, 절차상 어려움이 많다는 의견도 제시했다. 남녀 간에는 커다란 의견 차이가 났다. 외국 포르노물의 주요 소비자인 남성들은 53%만 찬성한 반면 여성들은 무려 82%가 정부 정책을 지지했다. 연령별로는 커다란 차이가 없었다. 20, 30대가 63%로 같았으며 10대는 이보다 조금 낮은 59%가 찬성했다.

바. 인터넷 중독 정신분열 부른다.

'컴퓨터광들은 정신분열을 조심하라'. 컴퓨터통신망에서 채팅과 게임을 지나치게 즐기면 피해망상, 우울증, 정신착란 등의 증세가 올 수 있다는 지적이 높다. 성인들이 컴퓨터 음란물에 빠지면 부부생활에 대한 흥미와 관심이 떨어져 발기부전이나 불감증을 일으킬 수 있다. 심한 경우 성도착증으로 발전하기도 한다. 가상 현실의 매력에 흠뻑 빠진 사람들은 차츰 단절된 생활에 익숙해지며 가족이나 친구, 직장 동료와의 만남을 부담스럽게 생각하게 된다. 바로 이때 현실과 가상 현실이 혼돈돼 정신분열적인 성격으로 발전하게 되는 것이다.

부모가 컴퓨터 사용 시간을 미리 설정해 청소년들이 컴퓨터에 중독되는 것을 막아주는 프로그램이 있다. 컴퓨터 사용시간 자동제어 프로그램인 "PC타이머"는 부모가 컴퓨터 작동 시간을 미리 설정해 정해진 사용시간이 지나면 컴퓨터가 작동되지 않도록 해준다. 이 프로그램은 컴퓨터를 잘 모르는 부모들도 쉽게 설치할 수 있으며 비밀번호를 이용해 사용시간을 일일 또는 주간 단위로 설정할 수 있다. 웬만한 전문가가 아니면 프로그램을 중단시키거나 설정을 해지할 수 없다. 청소년이 컴퓨터 게임이나 인터넷 인터넷 음란물에 깊이 빠지는 것을 막아줄 수 있을 것이다.

사. 인터넷요금 카드 결제

인터넷에서 물건을 구입하거나 각종 유료 정보를 이용할 때 사용하는 신용카드의 결제 대금이 과다하게 청구되는 피해가 급증하고 있다. 특

히 일부 음란사이트의 경우 가입자체가 매달 회비를 받는 멤버십으로
돼있는데 소비자가 이를 모르고 이용하는 경우가 많아 매달 일정액을
내는 신종 피해도 발생하고 있다. 가입은 쉽지만 해당 사이트에서 해
지사항은 제대로 설명한 곳이 없어 '울며 겨자 먹기'식으로 월정액을
내고 있다. 카드업계에 따르면 이런 피해가 2000년 이후부터 급증하고
있는데 이는 인터넷 보급의 확대 시점으로 볼 수 있다.

모 카드사의 경우, 매달 접수되는 대금청구서 이의 신청 1천5백 건 중
인터넷 관련이 8백~1천 건이나 되고 있으며, 이중 70%는 한 번 사용
했는데도 2~3회 이용한 것으로 중복 청구되는 경우가 있다. 나머지는
인터넷 홈쇼핑을 통해 물건을 구입하고 제품이 배달되지 않았는데도
청구서만 날라 오고 있다. 더군다나 인터넷에서 카드를 사용할 경우
카드번호, 유효기간만 입력하면 돼 사용자가 본인인지 신원을 확인할
안전 장치가 전혀 없어 다른 사람이 카드번호를 도용한 대금 분쟁도
늘고 있다.

인터넷 웹 사이트에서 신용카드번호를 입력하라는 메시지가 나오면
일단 신중하게 조건을 읽어봐야 한다. '1주일간 무료로 보기 위해서는
카드번호를 입력하라'거나 '성인임을 증명하기 위해 카드번호를 입력
하라'는 말에 혹해 이를 알려 주면 나중에 청구서가 날라 오는 예가
잦다. 인터넷상의 신용카드 거래는 카드번호와 유효기간이 맞을 경우
제대로 된 거래로 인정된다. 만일 웹 사이트 이용을 하지 않는다고 결
제를 하지 않으면 나중에 신용불량자로 분류될 가능성이 있으니 주의
해야 한다. 이용 해지를 위해서는 웹사이트에서 개인적으로 탈퇴를 신
청하거나 업체에 편지를 보내는 방법이 있지만 국내 카드사에 연락,
도움을 받는 것이 가장 편리하다. 국내 카드사는 해외 제휴사를 통해
해당 업체에게 이용 해지를 요청하게 된다. 해지 과정에서 별도 수수

료는 없고 사안에 따라 환불도 가능하다. 다만 해당 업체의 협조 여부
에 따라 시일이 1~2개월 정도 걸릴 수 있다.

9

음란물 법적 규제 어디까지

인터넷이나 인터넷을 이용한 음란사이트 운영 또는 음란·불법복제물 판매가 무직자와 실직자의 가담으로 점점 기업화되고 수법도 교묘해 지는 추세를 보이고 있어 이에 대한 대책 마련이 시급한 것으로 지적 되고 있다. 경찰청 컴퓨터범죄 수사대에 따르면 인터넷이나 인터넷을 이용, 음란·불법복제물 등을 판매하다 적발된 1백77명의 유형을 분석 결과 음란물 판매 계층이 IMF 이후 경제불황이 지속되면서 청소년 컴퓨터 매니아에서 돈벌이가 목적인 20~30대 실직자나 무직자로 옮 겨져 기업형 판매업자까지 등장하고 있다. 자본을 거의 들이지 않고 한 달에 5백만~1천만 원의 고수익을 올릴 수 있기 때문에 인터넷이 나 인터넷 등을 통한 음란물 판매에 한번 발을 들이면 유혹에서 벗어 나지 못한다. 또 인터넷에 음란사이트를 개설하거나 음란물이나 흔글 등 인기 컴퓨터프로그램을 불법 복제해 판매하는 수법도 점점 지능화 되고 있다. 이들은 외국 인터넷 서비스 업체들이 고객 확보 차원에서 인적 사항의 확인 없이 신청 절차만 거치면 무료로 홈페이지 및 게시 판, 전자메일, 주소를 개설해주는 것을 이용, 가명으로 가입해 음란사 이트 개설이나 음란물 판매를 해외에서 외국인이 하는 것처럼 위장한 다. 이 밖에도 인터넷 게시판을 이용, '숙식 제공, 기본급 1백20만 원 수당 지급, 민속공예품 판매 아르바이트생 모집' 등 광고를 내 일을 시킨 뒤 임금을 지급하지 않는 등의 수법으로 사기를 치는가 하면, 채팅방을 통해 알게 된 여성들의 인적 사항을 이용, 물품을 구입하고 대금을 전가시키거나 사귀자고 접근하여 상습적으로 협박하는 '사이버 치한'도 등장했다.

인터넷이나 인터넷에 범람하고 있는 음란물을 차단할 수 있는 방안으로 관계자를 법적으로 제재하고 또 차단 프로그램을 개발·보급하는 등 사회적으로 음란물 차단 정책을 강도 높게 펴고 있으나 아직까지 큰 효과를 거두지 못하고 있는 실정이다. 법적인 제재로는 검찰 등 수사기관이 음란물 유통사범을 단속하는 차원이 고작이다. 검찰은 각 지청, 경찰서에 음란물 유통사범 전담수사반을 편성해 인터넷이나 인터넷 그리고 음란물 유통의 온상이 되고 있는 서울 세운상가와 용산전자상가, 만화방과 비디오방 등의 음란물 유통을 단속하고 있다. 그러나 수사기관이 모든 인터넷 음란사이트를 검색한다는 것 자체가 무리이고, 유통의 범위가 수사기관의 한정된 수사로 막을 수 없을 만큼 광범위하므로 법적 차원의 대응은 무리이다.

가. 음란물에 대한 규제 방식의 문제점

1. 문제의 제기

청소년들의 음란비디오에 대한 의식은 사회의 수용 한도를 넘어 극도의 위기감을 형성하고 있다. 이에 언론을 중심으로 한 각 사회 분야에서는 우리 사회에 만연하고 있는 각종 음란물에 대하여 강력한 규제를 해야 한다고 주장하는 반면, 교육계에서는 학교에서의 올바른 성교육의 실시를 주장하고 있다. 또한 검찰과 경찰은 청소년에 유해한 일본 만화와 소설 또는 잡지에 대하여 강력한 단속과 수사를 펴고 있다. 이러한 때 음란물의 규제와 그 대책에 대한 현행법상의 문제점을 고찰해 보는 것도 의미 있는 일일 것이다.

형사법상 음란물에 대하여는 현행 형법 제243조와 제244조가 가장 직접적인 규제 조항이다. 그러나 이와 더불어 최근 시행된 청소년보호법 역시 일정한 종류의 매체물을 이른바 '청소년유해매체물'이라고 하여 이에 대한 강력한 규제를 가하고 있다. 그런데 문제는 양자의 규제 방식에 있어서 약간의 문제점이 드러나고 있다는 점이다. 음란성이 있는 물건에 대하여 형법과 청소년보호법에 각각 규제하고 있는 것은 언뜻 보기에 형법은 성인에 대한 보호, 청소년보호법은 청소년에 대한 보호를 목적으로 규정된 것처럼 보인다. 그러나 형법상의 범죄는 행위의 대상을 성인과 청소년을 구분하여 규정되어 있는 것이 아니다. 그렇다면 굳이 청소년보호법에서 특별히 청소년을 보호하려는 취지가 무색해진다. 문제의 해결을 위해서는 음란물에 대한 규제 방식을 다시 생각해 보는 것이 좋을 것이다.

2. 음란물 죄의 규제방식

현행 형사법은 음란물 죄에 대하여는 크게 이원적인 태도를 취하고 있다. 즉 형법 제243조는 '음화반포 등'의 규정을 두어 음란한 문서, 도화, 필름 기타 물건을 반포 또는 임대하거나 공연히 전시 또는 상영한 자는 1년 이하의 징역이나 500만 원 이하의 벌금에 처하도록 규정하고 있고, 제244조는 '음화 제조 등'의 행위를 강력히 규제하고 있다. 한편, 청소년보호법은 제17조와 제50조에서 '청소년유해매체물'을 청소년을 대상으로 판매, 대여, 배포하거나 시청, 관람, 이용에 제공하는 행위를 3년 이하 의 징역 또는 2천만 원 이하의 벌금에 처하도록 하고 있다.

여기서 '청소년유해매체물'이라 함은 다음과 같다.

① 청소년에게 성적인 욕구를 자극하는 선정적인 것이거나 음란한 것
② 청소년에게 폭악성이나 범죄의 충동을 일으킬 수 있는 것
③ 성폭력을 포함한 각종 형태의 폭력 행사와 약물의 남용을 자극하거나 미화하는 것
④ 청소년의 건전한 인격과 시민 의식의 형성을 저해하는 반사회적·비윤리적인 것
⑤ 기타 청소년의 정신적·신체적 건강에 명백히 해를 끼칠 우려가 있는 것을 의미한다(동법 제2조 제3호, 제10호).

요컨대, 청소년유해매체물이라 함은 음란성과 폭력성이 있는 매체물(음반, 비디오물, 신문, 잡지, 전자출판물, 음성정보, 영상정보, 광고선전물 등 포함)을 의미한다. 이와 같이 형법상의 음란물과 청소년보호법상의 청소년유해매체물은 후자의 경우가 폭력성 또는 반사회적·비윤리적인 요소를 포함하고 있어 전자보다 범위가 더 넓지만, 양자 모두가 음란성이라는 요소를 공통적으로 가지고 있다. 그렇다면 음란의 개념에 대하여 구체적으로 살펴볼 필요가 있다.

3. 음란 개념의 문제점

형법상의 음란물 죄와 청소년보호법상의 청소년유해매체물의 판매 등의 죄는 공히 '음란성'을 공통적인 요소로 가지고 있다. 그런데 양 법률은 이러한 '음란'이라는 개념에 대하여 법률에 구체적인 정의를 하고 있지 않고 있으며, 이는 해석에 맡겨져 있다고 볼 수 있다. 현재 우리나라의 통설과 판례는 음란성에 대하여 다음과 같이 해석하고 있다. 즉 음란성은 '그 내용이 성욕을 자극 또는 흥분시키고, 사람들의 정상적인 성적 수치심을 해하고 선량한 성적 도의 관념에 반하는 것'을 의미한다. 그러나 이러한 추상적인 개념 정의를 가지고서는 어떤 물건이 음란한지 아닌지의 여부를 판단하기가 상당히 어렵다. 즉 판단자의 주관적인 생각과 의도에 따라 좌우될 가능성이 크며, 음란 개념의 추상성으로 인하여 객관적인 기준 없이 법이 집행되고 해석되는 경향이 있다. 다시 말해서 음란성이라는 규범적인 개념은 법 적용 개념으로서는 부적절하고 또 성인에 대해서조차 법적 분쟁 해결에 도움이 되지 않는다. 이러한 형법상의 음란 개념이 아무런 정의 없이 다시 청소년보호법에서 그대로 사용되고 있으므로 같은 문제가 발생하리라는 것은 쉽게 짐작할 수 있을 것이다. 따라서 음란 개념은 보다 구체적인 용어로 바뀌어져야 한다.

4. 보호법익의 문제점

음란물 죄의 보호법익은 '선량한 성 풍속의 보호'에 있다고 우리 학설은 말하고 있다. 그러나 선량한 성풍속의 보호라는 개념은 음란 개념과 마찬가지로 추상적이고 포괄적이기 때문에 구체적으로 무엇을 의미하는지가 모호하다. 즉 성 표현물에 관한 한 우리의 법체계와 법해석은 막연한 윤리 개념을 내세워 규제하고 통제하고 있다. 그 결과 '규제 혹은 단속'만을 앞세우는 입장에서 개별적인 법적 분쟁에 대해 무력하고 오히려 법 적용자와 법 집행자의 자의적인 법 집행만을 부추길 뿐이다. 그러나 이제는 범람하고 있는 성 표현물에 대하여 규제할 별도의 입장에서 벗어나 오히려 '관리'의 입장에 서서 정책을 펴나가야 할 단 계에 접어들었다고 말할 수 있다.

이러한 입장에 선다면 우선 음란물 죄의 보호법익을 보다 구체화할 필요가 생긴다. 즉 음란물 죄의 첫 번째 보호법익은 청소년을 유해한 매체로부터 보호하고 나아가 이들을 건전한 인격체로 성장할 수 있도록 하는 것과, 아울러 두 번째 보호법익으로서는 음란물에 노출되기를 거부하는 성인들도 함께 보호해야 한다. 즉 청소년의 보호와 음란물에 동의하지 않는 성인들의 보호가 함께 음란물 죄의 보호법익이 되어야 한다.

5. 성 표현물의 세분화

앞서 살펴본 음란성 개념으로는 법률을 적용하고 집행하는 데 많은 무리가 따르게 된다. 또 음란물 죄에 대한 보호법익도 청소년 보호와 음란물에 동의하지 않는 성인에 대한 보호로 구체화되어야 한다. 즉 음란 개념을 구체적·기술적 개념인 '포르노그래피'(pornography)라는 보다 구체적 개념으로 대치하고, 나아가 성 표현물의 유형을 그 내용과 성질에 따라 구분하는 것이다. 음란 개념을 구체적 개념으로 대치하고, 이를 세분하는 것은 죄형법정주의의 명확성 원칙에 부합할 것이다.

먼저 형법상 문제가 되는 성 표현물을 크게 '금지 영역의 성 표현물'과 '관리 영역의 성 표현물'로 나누어 전자에 대하여는 전면적으로 제조나 반포 행위를 형법적으로 금지하는 반면, 후자는 성인에 대해 일반적으로 허용하지만 청소년이나 성 표현물에 동의하지 않는 성인에게 반포하거나 판매·전시하는 경우에는 처벌한다. 양자를 구분하는 기준은 성 표현물이 가지고 있는 유해성에 기반을 두고 있기 때문에 이를 실증적으로 조사·분석할 수 있다는 이점이 있다. 경험적인 연구에 따르면, 유해성이 있는 성 표현물에는 '아동 포르노그래피', '폭력적인 포르노그래피', '수간에 관한 포르노그래피'등이 속하므로 이러한 성 표현물은 하드-코어 포르노그래피에 속하게 된다. 한편, 일반 성인에 대하여 유해성을 발견할 수 없는 단순 누드나 비폭력적 또는 비품위손상적인 성 표현물은 소프트-코어 포르노그래피에 속한다. 이처럼 성 표현물을 구분하면 각각에 대한 법 집행과 법 해석이 보다 용이해질 것이다. 즉 전자에 대하여는 형법상 전면적으로 금지하고, 후자에 대하여는 청소년이나 동의하지 않는 성인에게 반포, 판매하는 등의 행위만을 처벌하게 된다. 이렇게 구분된 성 표현물에 대한 형사법적 처벌은 모두 형법에서 다루게 되고, 청소년 유해매체물에 대한 행정적인 관리와 그 위반에 대한 규제는 청소년보호법에 남아 있게 되므로 양자의 역할이 분명히 정해진다. 따라서 형법은 형법대로, 청소년보호법은 청소년보호법 나름대로 제 역할을 수행하고 상호 충돌의 염려가 사라지게 되는 것이다.

나. 인터넷과 인터넷의 불법들

검찰이 인터넷망에 '메일 폭탄(Mail Bomb)'을 보내 통신망을 마비시킨 혐의로 고등학교 2년생 금 모, 오 모 군을 불구속 기소한 사건을 계기로 인터넷 환경공해에 대한 경각심이 부쩍 높아지고 있다. '사회의 거울'로 떠오른 인터넷 사이버공화국에는 메일폭탄과 같은 신종 폭력이 활개치는가 하면 현실 세계를 방불케 하는 언어 폭력이나 각종 사기, 테러사건이 익명이라는 미명 아래 시시각각 일어난다. 인터넷상의 사이버 공해와 무엇이 문제이며 대책에 대하여 이야기하기로 하겠다.

1. 비뚤어진 스타 심리

튀는 글이 영웅을 만든다. 인터넷 게시판에는 이 같은 주장을 담은 글이 자주 올라온다. 스타가 되려면 거침없이 글을 쓰라는 얘기다. '창녀론'을 펼친 김○○씨나 원색용어로 남자들을 비난했던 신○○○ 씨, 자신의 성경험을 노골적으로 묘사한 양○○ 씨는 스타가 돼 사이버 작가로 데뷔했다. 이 같은 영웅심리 모방이 이어지면서 언어폭력이 난무하고 있다. 이들은 이용자번호(ID)를 수시로 바꿔 신분을 감춘 채 채팅방을 도배하기도 한다. 정보통신윤리위원회에 따르면 올 상반기 불건전 정보 단속 결과 채팅방 내 도배, 욕설 등 인권침해가 전체의 60%인 1천7백93건으로 나타났다.

2. 사이버 불륜

인터넷이 한국판 중매쟁이 '월하노인'으로 부각되면서 탈선의 온상이 되고 있다. 채팅방에서 만나 결혼한 사이버 커플도 1백여 쌍이나 되지만 불륜이나 사기 행각으로 이어져 쇠고랑을 찬 경우도 있다. 회사원 강 모(33) 씨는 비밀채팅방에서 20대 여성과 6개월째 밀어를 나누고 있다고 토로한다. 상대방도 자신을 유부남으로 알고 있지만 마음이 통해 별 문제가 없다는 것. 지난해 남자 이 모 씨는 '사이버 꽃뱀'으로 둔갑해 같은 남성들로부터 거액을 가로챘는가 하면 총각이라 속여 통정하다 덜미를 잡힌 사건도 발생했다.

3. 음란물, 불법복제

비밀채팅방은 음란물 사각지대이다. 사회적 물의를 일으켰던 '빨간마후라' 비디오의 경우, 이곳을 통해 구입하려는 사람들이 줄을 이었을 정도이며 프로그램 불법복제도 허다하다. 서울지검은 최근 대학생 최 모 씨 등 16명을 무더기 구속했는데 이들이 인터넷으로 판매해 챙긴 불법 CD 롬타이틀 수익만 3억2천여만 원에 이른다.

4. 사생활 침해

이용자들은 제품광고, 학원안내문 등 전자우편이나 전화공해에 시달린다. 각 인터넷 회사는 약관에 개인 신상정보는 본인 승낙 없이 타인에게 누설, 배포할 수 없다고 규정하고 있다. 그러나 개인정보는 다양한 경로로 유출되고 있다는 지적이다. 업체들은 회원정보를 별도의 전산시스템으로 관리하고 있다고 하지만 해커들이 악덕업자와 손잡고 정보를 빼낼 경우 속수무책이다. 동호회 명단이나 정보제공업자(IP)들이 갖고 있는 회원자료의 경우 인터넷사가 유출 책임을 지지 않는다.

5. 통신검열

몇 년 전 한총련의 인터넷 폐쇄이용자그룹(CUG)이 봉쇄된 것이 대표적인 사례이다. CUG는 원래 개설자만이 폐쇄 여부를 결정할 수 있지만 검찰이 이례적으로 영장을 발부해 압수수색을 단행, 언로를 막아버렸다. 전기통신사업법 시행령 제16조에는 · 범죄행위 목적 전기통신 · 반국가적 내용 · 미풍양속 침해 행위 등에 대한 글은 제재토록 규정하고 있지만 사안별로 해석의 잣대가 명확치 않다. 외국의 경우, 우리나라와 같은 법적 조항은 없는 상태이다.

6. 테러공포

불특정 다수에게 수만 건의 전자우편을 동시에 보내 인터넷사의 전자우편 시스템을 망가뜨리는 메일 폭탄인 '스팸메일(SPAM MAIL)'은 국내에서도 발생했다. 몇 몇 회사의 인터넷 시스템이 다운되어 버렸는데, 테러혐의로 적발된 금 모, 오 모 군은 "장난삼아 메일을 보냈다." 고 하지만 해커들이 악의적으로 폭격을 가할 경우 통신사들은 시스템 복구에 엄청난 비용을 들여야 한다. 미 국가안전국(NSA)에 따르면 93~96년 동안 세계적으로 은행, 증권거래소 등이 40여 건의 사이버테러를 당해 4천8백억 원의 손실을 입은 것으로 조사됐다.

7. 대책은 없나

이 같은 사이버 환경공해는 자연보호운동처럼 범국민운동이 전개되지 않는 한 단속만으로는 한계가 있다. 사이버스페이스는 익명성을 전제로 하기 때문에 비밀채팅방이나 압축파일로 정보를 주고받으면 적발이 어렵기 때문이다. 이에 따라 인터넷 가입 시 신상을 철저히 확인하고 ID를 실명으로 발급하고 시스템을 보완해야 한다는 지적이다.

다. 몰래카메라의 단속 법규

몰카비디오가 판치고 있지만 수사당국은 뾰족한 대응책이 없어 골머리를 앓고 있다. 촬영에서 제작, 판매에 이르는 단계가 점조직 형태여서 판매자를 붙잡아도 제작자를 알아내기 어렵다. 처벌법규도 허술하기 짝이 없다. '성폭력범죄의 처벌 및 피해자 보호 등에 관한 법률'의 경우 몰래카메라로 타인의 신체를 촬영한 사람에 대한 처벌규정(5년 이하 징역이나 1천만 원 이하 벌금)은 있으나 카메라 설치자에 대한 규정은 없다. 즉 카메라를 설치한 자체만으로는 처벌이 불가능하며, 이를 철거할 권한도 없는 것이다. 몰카비디오를 제조, 판매한 사람에 대한 처벌은 음란물을 제조, 소지, 반포, 판매한 사람에 대한 처벌은 징역 1년 이하 또는 벌금 5백만 원 이하가 고작이다(형법 243조, 244조). 긴급체포권도 없다. 처벌 내용이 너무 미약해 사문화된 조항이나 마찬가지이며 단속 실효도 떨어진다. 법조계도 몰카비디오 관련 파렴치범에 대해서는 가혹할 정도의 처벌로 징벌 효과를 높여야 한다는 목소리가 높다. 범죄감시가 아닌 사생활 침해용 몰카의 경우 설치 자체를 불법으로 규정하고, 처벌을 현행보다 강화토록 하는 방안을 모색 중이다. 증거인멸을 막기 위해 긴급체포가 가능하도록 하여야 하며 형량을 높여야 한다.

라. 정보도둑(해커)

K대 연구센터 컴퓨터에 대학생 해커가 침입해 연구 중인 귀중한 자료를 싹 쓸어갔다. 이 학생은 자신의 영웅담을 네티즌들에게 알리기 위해 홈페이지에 침입경로와 수법을 자세히 소개했다가 검찰에 적발돼 구속됐다. 몇 년 전 P대 컴퓨터시스템에 수십 명의 외국 해커들이 들어왔다. 이들은 이곳을 본거지로 삼아 멕시코와 홍콩 등지의 주요 공공기관 컴퓨터를 누비고 다녔다. 정보통신망에 대한 의존도가 높아지면서 해킹으로 인한 피해가 크게 늘고 있다. K대나 P대처럼 뒤늦게 해킹당한 사실을 아는 경우는 그나마 다행이다. 일반 대학이나 기업들은 해킹당한 사실조차 모르고 지나가는 일이 허다하다. 우리 사회는 아직 해킹을 중대한 범죄로 여기지 않는다. 심지어는 용인까지 한다. 해커를 마치 컴퓨터천재인 양 영웅시하는 풍조가 만연해 있고 한때 해킹으로 물의를 빚었던 사람을 공공연히 중용하는 업체들도 있었다. 해커에 대한 무지와 관용은 또 다른 해커를 낳는 결과를 초래한다. 한국정보보호센터가 인터넷 사용자 1,500명을 대상으로 실시한 정보화 역기능 실태 조사에 따르면 응답자 1,494명 중 50.8%인 759명이 해킹 욕구를 갖고 있는 것으로 나타났다. 이 가운데 11.3%인 86명은 실제로 해킹을 시도했다. 해킹 경험이 없는 673명 중 70%인 471명은 실력이 없어 해킹을 못했다고 응답했다. 실력만 갖추면 언제든지 해킹을

하겠다는 얘기다. 해킹이 기업과 정부의 기밀을 빼내는 데 악용되면 국가 기반을 뿌리째 뒤흔들 수 있다. 물론 정보화 사회의 근간이 되는 정보통신 기반도 무력화시킨다. 결국 상상할 수 없을 정도의 엄청난 피해를 국민들에게 안겨 정보화에 등을 돌리게 한다. 해킹을 당하면 정보를 공유하지 않고 숨기려 하기 때문에 그만큼 정보화가 지연될 수밖에 없으므로, 해킹의 폐해를 대대적으로 알려 해커의 양산을 막아야 한다.

마. 통신판매로 산 물건 현금 환불 가능

앞으로 인터넷 온라인 쇼핑으로 구입한 물건에 결함이 없어도 소비자가 원하면 한 달 이내에 반품이 가능해진다. 또 온라인 쇼핑센터가 사기, 피라미드판매와 같은 불법적인 영업을 할 경우 해당 웹사이트 폐쇄 등 강력한 제재를 받게 된다. 정보통신부는 급성장하고 있는 전자상거래를 활성화하기 위해 종합대책을 마련하고 관련법 개정을 위해 부처간 협의에 들어갔다. 우선 소비자 보호를 위해 지금은 통신판매로 구입하는 제품은 결함이 있어야만 20일 이내에 반품이 가능하도록 돼 있으나 이를 수정, 결함이 없어도 30일 이내에 현금으로 되돌려 받도록 하기로 했다. 또 분쟁이 일어났을 때의 해결 절차를 분명히 하고 소비자에 대한 피해보상 기준을 담은 '전자상거래 표준약관'도 정통부, 공정거래위원회가 공동으로 제정하여 시행하고 있다. 이와 함께 온라인 쇼핑업체에 대한 관리도 강화, 이들 업체가 음란물 판매, 도박, 사기, 피라미드판매 등 불법행위를 하면 검찰, 공정위, 한국소비자보호원의 협조를 받아 웹사이트 폐쇄 등의 제재를 가할 방침이다. 아울러 인터넷 모범상점 인증 제도를 도입해 신뢰할 수 있는 온라인 쇼핑몰을 추천한다. 한편 정통부, 산업 자원부, 노동부가 협력해 전자상거래 관련 기술전문가, 온라인 영업 마케팅 전문가를 양성하기 위해 '전자상거래 기사' '전자상거래 관리사' 등의 자격 제도를 신설, 이르면 2000년도에 시행에 들어갈 예정이다. 아울러 전자상거래 업체의 육성을 위한 각종 세제지원책도 마련할 예정이다. 전자상거래업체의 부가가치세 납부세액을 향후 3년간 50%를 깎아 주는 방안과 함께 인터넷, 인터넷 통신요금의 부가세를 감면하는 방안이 추진 중이다.

바. 검찰 '사이버범죄' 전담반 운영

검찰은 최근 들어 해킹이나 컴퓨터 이용 사기 등 '사이버 범죄'가 급증함에 따라 춘천·울산·제주지검과 서울지검의 동부·북부·서부지청 등 6개 지검·지청에 전담수사반을 추가로 신설, 본격적인 단속에 들어갔다. 대검은 전담수사반의 추가 신설로 대검 중수부와 서울지검 등 전국 16개 검찰청을 상호 연결하는 전국적인 수사 체제가 구축되었으며 내년까지 나머지 검찰청의 수사반 편성을 완료, 갈수록 지능화돼가고 있는 사이버범죄에 총력 대처할 방침이다. 검찰의 사이버범죄 단속 대상은 해킹·인터넷 이용 사기와 함께·전산시스템 및 단말기 부정 조작·악성 컴퓨터 바이러스 제작·유포·인터넷을 통한 음란물 유통·사이버 공간을 이용한 명예 훼손 등이다.

사. 불법 음란물 사례들

컴퓨터 관련 범죄가 급증하고 있다. 경찰청은 컴퓨터 관련사범 618명을 적발, 이중 136명을 구속하고 433명을 불구속 입건하는 한편 49명에 대해 수사를 진행 중이라고 밝혔다. 범죄 유형별로는 ① 인터넷, 인터넷을 이용한 음란, 복제물 판매, 사이버 성폭력 534명, ② 금융 전산자료 유출 및 홈뱅킹 사기 등 24명, ③ 타인 ID 도용 16명, ④ 해킹 9명, ⑤ 컴퓨터 바이러스 제작·유포 7명, ⑥ 인터넷 불법 사이트 운영 6명, ⑦ 기타 22명이다. 경찰에 따르면 컴퓨터 범죄가 갈수록 지능화되면서 사이버 공간에서 이뤄지는 범죄가 네티즌들에게 커다란 정신적 피해를 줄뿐만 아니라 적극적 사이버 범죄로 인해 경제적 피해도 큰 것으로 분석됐다. ID 도용 범죄의 경우 과거에는 호기심 차원의 단순 도용이나 해킹 준비 단계에 그쳤으나 최근에는 남의 ID를 도용해 장시간 유료 게임을 즐긴 뒤 사용료를 떠넘기거나, ID 소유자의 명예를 훼손하는 등 피해가 끊이지 않고 있다.

한국인을 겨냥해 외국에서 개설된 한글 인터넷 음란사이트들이 판을 치고 있다. 특히 이들 인터넷 웹사이트에서는 공공연히 음란CD 등 음란물의 교환이나 매매가 성행하고 있으며 심지어 매매춘까지 이루어지고 있는 것으로 알려졌다. '한글 섹스사이트 총집합'이라는 제목의 음란사이트에는 모두 23개의 한글 음란사이트들이 연결돼 있어 한번 접속하면 나머지 사이트도 쉽게 볼 수 있도록 돼 있다. 이들 사이트에는 각종 음란 사진, 동영상, 도색소설 등이 한국인들을 유혹하고 있으며, 한 음란 사이트의 경우 3개월 만에 무려 2백만 명 이상이 접속했을 정도로 널리 알려져 있다. 또 게시판에는 "성인용 CD 1만5천원에 판다", "몰래카메라 장비 일체, 연락바람"등의 글이 올라있는 등 음란물 판매가 버젓이 행해지고 있으며 게시판과 채팅방을 이용, 매매춘까지 성행하고 있는 것으로 알려졌다. 그러면 구체적인 사례들을 알아보기로 하자.

1. 인터넷 음란사이트 개설

① 사례 1

국내 인터넷에 음란물 사이트를 개설, 운영한 혐의(전기통신사업법 위반)로 성 모(28, 서울) 씨와 김 모(21, 경기도) 씨 등 2명을 구속했다. 검찰에 따르면 성씨 등은 인터넷에 '천사의 홈페이지'라는 음란 홈페이지를 개설, 포르노 동영상 1천여 편과 사진 1만여 장 등을 올린 혐의다. 검찰 조사 결과 성 씨는 자신의 홈페이지에 인기 사이트의 순위를 기재한 뒤 이용자가 여기에 클릭을 하면 곧바로 음란사이트로 연결되도록 음란물 사이트를 만들어 운영해 온 것으로 드러났다.

② 사례 2

인터넷에 음란물을 실어온 부산 ××초등학교 교사 한 모(30, 부산) 씨 등 15명을 음반 및 비디오물에 관한 법률 위반 등의 혐의로 구속기소했다. 한 씨는 지난 2월 초 모 컴퓨터통신에 홈페이지를 개설, '핫스토리'라는 제목으로 근친이나 사제 간, 또는 미성년자의 성행위를 묘사한 음란소설 100여 편을 게재한 혐의다. 또 구속된 오 모(28, 프로그래머) 씨는 성인용 사이트인 '사이버조선' 등을 통해 국내외 유명 연예인의 얼굴을 다른 포르노 사진과 합성해 인터넷에 집중 게재한 혐의를 받고 있다. 이들이 게재한 음란물 중에는 '빨간 마후라'의 동영상 화면과 서울·부산의 모 여대 화장실, 또는 비디오방·여관방 등에서

비밀리에 촬영한 '몰래카메라 비디오 시리즈' 등이 포함돼 있다. 또 이들 사이트는 매달 접속 횟수가 10만 건을 넘을 정도로 인기여서 유료 광고를 싣는 등 돈벌이 수단으로도 이용돼 온 것으로 밝혀졌다.

③ 사례 3

인터넷 이용자들을 속여 음란사이트로 유인한 뒤 빠져나오지 못하도록 발을 묶어두는 기술에 대해 잇따라 철퇴가 가해지고 있다. 대표적인 것이 음란사이트에서 나오려고 '뒤로'나 '앞으로'를 클릭하면 오히려 다른 음란 사이트의 창이 뜨게 만드는 '페이지 재킹'과 다른 사이트로 가지 못하도록 마우스 작동을 방해하는 '마우스 트래핑' 등 두 가지이다. 미국 버지니아주 알렉산드리아 연방지법은 최근 페이지 재킹을 해온 포르투갈의 한 포르노 사이트를 강제 폐쇄했다. 호주 당국도 마우스 트래핑을 해온 8개 업체를 급습, 사법 처리키로 했다. 미 연방무역위원회(FTC) 소비자보호국 역시 연방법원으로부터 페이지 재킹과 마우스 트래핑을 하는 포르노 사이트를 폐쇄할 수 있는 권한을 얻어냈다.

④ 사례 4

인터넷 홈페이지를 개설, 음란물을 제공한 혐의(전기통신기본법 위반)로 이 모(16,경북 J고 1년) 군에 대해 구속영장을 청구했다. 검찰에 따르면 이 군은 미국 웹호스팅 업체의 서버에 홈페이지를 만들어 음란사진 4만 장, 변태음란소설 260편, 성행위 동영상 200편 등을 제공한 혐의다. 검찰 조사 결과 이군이 개설한 홈페이지는 무료 이용으로 광고 게시판에는 불륜 상대를 찾는다는 내용의 편지가 올라 있는 등 2

개월여 동안 무려 3만4천여 명이 관람했던 것으로 밝혀졌다.

⑤ 사례 5

인터넷에 음란물 판매 홈페이지를 개설, 음란 비디오를 판매한 혐의
(음반 및 비디오물에 관한 법률 위반)로 최 모(25, 경기S대 2년) 씨에
대해 구속영장을 신청하고 동생 최 모(22)이병을 군부대에 이첩했다.
최씨 형제는 'world2002'라는 음란물 인터넷 홈페이지를 구축한 뒤 노
골적인 성행위 장면이 담긴 몰래카메라 비디오와 외국의 포르노 비디
오물을 진열해 1매당 1만5천~1만8천 원씩, 지금까지 1억여 원 상당을
판매해 온 혐의다.

2. 음란물 밀수 단속 강화

① 사례 1

관세청은 음란 비디오테이프, 잡지, 만화, 특수콘돔 등 각종 음란물 입
에 대한 단속을 강화하기로 했다. 관세청은 여행자 휴대품은 물론 국
제우편이나 특급탁송으로 반입하는 물품에 대해서도 음란물 검색을
강화해, 1~2개의 음란물이라도 적발될 경우 범칙 금액에 관계없이 고
발하기로 했다. 관세청은 시중에 불법 유통되고 있는 음란물에 대해서
도 수시로 단속 활동을 펴기로 했다. 해외에서 음란물을 가지고 들어
오다 적발되면 10년 이하의 징역이나 2천만 원 이하의 벌금에 처하도
록 돼 있다.

② 사례 2

중국 동포들이 출연하는 중국산 음란 비디오테이프를 국내에 들여와 유통시키려 한 혐의(음반 및 비디오물에 관한 법률 위반)로 이 모(38, 부산) 씨에 대해 구속영장을 신청했다. 보따리 무역상인 이 씨는 중국에서 8천 위안(약 1백35만 원)을 주고 구입한 음란 비디오테이프 원본 5개를 세운상가에서 음란물 중개상에게 개당 2백50만 원을 받고 판매하려 한 혐의다. 중국산 음란 비디오테이프가 적발된 경우는 처음이며 최근 증가한 중국행 보따리상들을 통해 저가의 중국산 음란물이 대량 유통될 우려가 높아 수사를 확대하고 있다.

3. 음란물 판매

① 사례 1

남의 이름으로 인터넷에 가입한 뒤 음란 CD와 게임물 등을 팔아온 대학 선후배 3명이 경찰에 붙잡혔다. 인터넷을 통해 음란 CD와 게임물 등을 팔아 3억여 원을 챙긴 황 모(32, 무직) 씨 등 3명을 음반 및 비디오물에 관한 법률 위반 등 혐의로 구속하고 달아난 공범 1명을 수배했다. 경찰에 따르면 황 씨 등은 인터넷을 통해 나모(12)군 등 초등학생, 청소년, 주부 등 1천5백여 명에게 무단 복제한 음란 CD와 게임물을 개당 2만 원~34만 원에 우송 판매해 최근까지 3억5백여만 원의 부당이득을 챙긴 혐의다. 지방의 C대 선후배 사이인 이들은 각 가정에 우송된 우편물 등에서 입수한 남의 이름과 주민등록번호를 도용, 인터넷에 가입한 뒤 '음란 CD와 게임물을 판매한다'는 E-메일을 초등학생, 청소년, 주부 등 10만여 명에게 보낸 것으로 드러났다.

② 사례 2

음란CD 및 테이프, 몰래카메라, 성 보조기구 등을 불법, 복제하거나 판매한 음란물 제조, 판매업자 208명이 경찰에 붙잡혔다. 현직공무원인 부천시 강모계장은 부업으로 근무를 마친 후 부천시 원미구 열병합발전소 앞길에 베스타승합차를 세워놓고 성 보조기구를 판매한 혐의로 불구속 입건됐다. 또 구속된 변 모(41) 씨는 서울 관악구 신림동에 음란물 제작을 위한 사무실을 차려놓고 음란비디오 5천여 개를 복사한 뒤 화물택배를 이용해 배달해 주는 방법으로 개당 3천 원씩 받고 3천7백여 개(7천여만 원 상당)를 판매한 혐의다. 이익근(20) 씨는 컴퓨터와 CD 복제기를 구입해 자신의 집에서 음란CD를 복제하고 인터넷에 광고를 낸 뒤 우편 발송해 주는 방법으로 CD 1장에 6천 원씩 받고 1천여 장을 판매하다 구속됐다. 경찰은 앞으로도 음란물 거래의 온상지인 종로 세운상가, 청계8가, 용산전자상가 등에 대한 지속적인 단속과 함께 청소년들이 쉽게 접할 수 있는 인터넷을 통한 음란물 판매 사례에 대해 감시 감독을 강화할 방침이다.

③ 사례 3

인터넷과 인터넷을 통해 음란CD와 성 기구를 팔아온 강 모(31, 서울 노원구 월계동) 씨에 대해 음반 및 비디오물에 관한 법률 위반 혐의 등으로 구속영장을 신청했다. 경찰에 따르면 강 씨는 서울 종로구 숭인동 M고시원에 컴퓨터 1대를 설치하고 '유강코리아'란 상호로 사업자 등록을 한 뒤 인터넷과 인터넷을 통해 음란CD와 성 기구를 개당 6만 원씩에 판매, 최근까지 모두 4천5백여만 원의 부당 이익을 챙긴 혐의다. 조사결과 강씨는 인터넷 및 인터넷을 보고 주문자가 구매 요청을 할 경우 무통장입금을 받은 뒤 택배와 등기 배달 등의 방법으로 물건을 보낸 것으로 드러났다.

④ 사례 4

음란 CD를 대량으로 복제한 뒤 컴퓨터통신망을 통해 유통시켜 4억여 원을 챙긴 공 모(37, 전북) 씨에 대해 컴퓨터프로그램보호법 위반 등 혐의로 구속영장을 신청하고 공 씨의 사촌형(42) 등 2명을 수배했다. 경찰에 따르면 이들은 전북 익산시 K아파트에 CD 복제기 6대를 갖춘 밀실을 차려놓고 최근까지 'O양 비디오' 등 국내외 음란물을 담은 CD 2만7천여 장을 복제, 인터넷을 통해 장당 1만5천 원씩 받고 팔아 4억5백여만 원 상당의 부당 이득을 챙긴 혐의다. 조사 결과 이들은 경찰의 추적을 피하기 위해 인터넷 사용자에게 20만 원을 주고 구입한 주민등록증 사본을 이용해 타인 명의로 ID를 개설하고 대금 결제용 계좌를 만들었던 것으로 밝혀졌다. 경찰은 이들이 복제해 유통시킨 음란 CD는 현재까지 적발된 불법 유통업자 가운데 가장 많은 것으로 인터넷을 통한 음란물 유통이 단순한 용돈 마련 수준을 넘어 기업형으로 발전하고 있음을 보여준다고 밝혔다.

⑤ 사례 5

자신의 집에 CD복제 시설을 갖춰 놓고 일제 음란CD 등을 대량 복제, 판매한 정 모(28, 무직, 서울) 씨에 대해 음반, 비디오물 및 게임물에 관한 법률 위반 혐의로 구속영장을 신청했다. 경찰은 또 정 씨로부터 복제 CD를 개당 3천 원에 넘겨받아 용산전자상가에서 5천 원에 판매한 박 모(36, 여) 씨에 대해 같은 혐의로 구속영장을 신청하고 김 모

(37, 여) 씨를 불구속 입건했다. 조사 결과 정 씨는 지난 4월부터 자신의 집에 컴퓨터 2대와 CD복제기 3대 등을 갖춰놓고 일제 음란물 및 게임 CD 3천여 장을 불법 복제한 것으로 드러났다.

⑥ 사례 6

인터넷 통신망을 통해 음란물을 게재하거나 외국 음란사이트에 접속할 수 있는 ID(이용자번호)를 팔아온 최 모(40, 주부) 씨 등 6명을 형법상 음화 전시 혐의로 구속 기소하고 노 모(32, 대학생) 씨 등 4명을 불구속 기소했다. 검찰에 따르면 최 씨는 외국 음란사이트에 접속할 수 있는 170개의 ID와 패스워드를 입수한 뒤 컴퓨터 통신망을 통해 672명의 회원들에게 1개당 1만 원씩에 팔아온 혐의다. 검찰 조사 결과 최씨는 국내 인터넷 사용자들이 외국 음란사이트를 이용할 경우 사용료가 비싸고 접속이 쉽지 않은 점에 착안, 용돈도 벌 겸 호기심에서 해킹 등을 통해 ID와 패스워드를 빼낸 것으로 드러났다. 또 정 모(35, 구속) 씨 등은 인터넷에 자신의 홈페이지를 개설 한 뒤 1,000여 장의 포르노 사진을 실은 혐의다.

10

끝 맺음말

학교 화장실에서 여학생이 아이를 낳은 충격적인 사건이 일어나 사회 전체가 크게 놀란 적이 있다. 하지만 그 사건이 처음은 아니었다. 언론에 보도돼 세상에 널리 알려졌을 뿐 학교에서는 그와 비슷한 일들이 많이 일어나고 있다. 남학생들이 거울로 여교사 치마 밑을 훔쳐보는 일 등은 애교로 통하고 어떤 학교에서는 담임교사를 포르노 소설의 주인공으로 등장시킨 글이 학생들 사이에 나돌기도 했다. 최근 음란물을 인터넷 등으로 통신 판매하다가 적발되는 사건이 자주 일어나고 있다. 음란물 서비스의 주 고객은 통신의 주요 사용자인 중·고등학생들이다. 이뿐이 아니다. 외설적인 일본만화, '빨간 책'이라 불리는 음란소설 등이 청소년들을 겨냥해 봇물처럼 쏟아져 나오고 있다. 아이들이 불건전한 성교육 환경에 처해 있는 것이 지금의 현실이다.

현행 형법의 음란물 죄 규정과 청소년보호법의 청소년유해매체물의 배포 등의 죄 규정은 개정될 필요가 있다. 즉 현행 형법상의 음란물을 보다 구체적인 개념으로 표현하고 정의한 다음, 이를 금지 영역의 성 표현물과 관리 영역의 성 표현물로 구분하고 전자에 대하여는 절대적으로 금지하여 성인과 청소년을 불문하고 이를 배포 또는 판매하는 등의 행위를 처벌한 다음, 후자에 대하여는 청소년과 동의하지 않는 성인들에게 반포 또는 판매 등의 행위를 처벌해야 한다.

음란물을 게시한 이용자를 형사처벌하는 규제 방식의 경우 국내 음란
물 규제에는 효과적일 수 있으나, 수많은 해외 음란물은 여전히 무방
비 상태로 남게 된다. 법적 규제보다 효율적인 규제 방식은 음란물을
차단하는 소프트웨어의 개발과 보급하고, 부모들을 대상으로 온라인상
음란물 문제의 심각성을 인식시킨 후, 차단 소프트웨어의 설치·운영
방법을 교육하는 것이 필요하다. 또 부모가 차단 소프트웨어를 설치할
수 있을 만큼 정보화돼 있지 못하더라도 조금만 더 관심을 기울이면
자녀의 음란물 접촉을 줄일 수 있는 방법을 알 수 있다. 즉 청소년이
컴퓨터를 혼자 사용할수록 음란물 접촉 빈도가 높은 것으로 나타나,
컴퓨터를 거실에 둬 온 가족이 공유할 수 있도록 한다면 음란물 접촉
을 상당 부분 억제할 수 있다.

성 표현물은 인간의 본능인 성을 표현한 것이므로 인간의 성 의식과
성 행동에 대한 올바른 인식과 이해가 있어야 제대로 파악할 수 있다.
따라서 앞으로 이러한 경험적인 연구와 조사가 행해져야 할 것이다.
또한 청소년 보호는 법률로만 해결할 수 없는 문제이므로 특히 요즘
과 같이 성 표현물이 범람하는 시대에는 반드시 성교육이 뒷받침되어
야 할 것이다. 그리고 성의 문제를 과학적으로 다루어 이에 대한 지식
과 상식이 뒷받침된다면 성 표현물에 접하여도 그 위험성은 보다 감
소하게 될 것이다. 이와 함께 정보 윤리 교육의 강화도 한 가지 방안
이다. 청소년에게 컴퓨터에 대한 비판적 안목을 넓혀주고 온라인상에
서 지켜야 할 예절을 가르쳐야 한다. 아무리 엄격한 법적 규제가 이뤄
지고 우수한 차단 소프트웨어가 개발되더라도 이것만으로는 온라인상
음란정보로부터 청소년을 완전하게 보호할 수 없다. 자녀들을 음란정
보로부터 보호하는 최상의 시스템은 바로 부모의 자녀에 대한 관심과
사랑이다.

우리 인류는 초기의 수렵, 채취 시대에서 시작, 농업사회 및 산업사회를 거쳐서 이른바 정보사회로 접어들게 되었다. 정보사회는 경제활동 영역이 상품의 제조에서 정보와 지식을 제조하는 영역으로 이동, 전문화된 정보와 새로운 기술의 효율적 이용에 관한 분야가 각광을 받는 사회라 할 수 있다. 현재 세계 각국은 정보화를 21세기 국가 경쟁력 확보의 최우선 수단으로 인식하고 관련 분야에 엄청난 투자와 노력을 기울이고 있는 상황이다. 최근에는 인터넷의 발전으로 어디에서나 원하는 정보를 바로 접할 수 있게 됨으로써, 시간이나 지역 및 국경을 초월한 정보의 공유가 이루어지게 되었다.

과거 우리 세대는 관련 자료를 찾기 위해 서고 등을 전전하면서 한나절을 꼬박 소비하게 되는 경우가 많았다. 그러나 이제는 수십 년 전 지구의 한구석에서 발생한 사건도 책상 앞에서 바로 검색할 수 있는 시대가 되었다. 또 참상의 현장에서 촬영한 사진을 전달하기 위해 용감한 기자들이 목숨을 걸기도 했으나, 지금은 세계 각지에서 발생하고 있는 사건, 사고의 생생한 모습이 현장에서 바로 전송되고 있다. 게다가 인터넷을 통해 전자우표를 발행하고 또 언어나 문화가 다른 사람들이 사이버 공간에서 공동체를 결성, 활동하는 등 인터넷은 이제 정보 교환뿐만 아니라 상품 거래, 운송, 금융업무 및 사회활동 등 우리 생활 모든 영역에 영향력을 미치게 되었다. 이에 따라 미래 첨단정보시대를 이끌어 갈 우리 청소년들은 정보와 기술을 무기 삼아 전 세계를 대상으로 자신의 포부와 역량을 마음껏 펼칠 수 있을 것이라는 생각이 드는 반면, 국경 없는 무한경쟁시대에 잘 대처해 나갈 수 있을까 하는 우려감이 생기는 것도 사실이다. 이제는 국가나 기업뿐만 아니라 개인도 경쟁에서 살아남기 위해서는 스스로 정보화에 대비, 끊임없이 자기 계발에 힘써야 하는 시대가 된 것이다. 따라서 우리 기성세대들도 나름대로 새로운 정보화시대에 대비, 자신의 경쟁력을 높임과 동시에 정보선진국으로의 진입에 밑거름이 될 수 있었으면 한다.

참고문헌

김영환, "청소년유해매체 관리·규제를 위한 법적 장치", 『청소년생활환경 개선종합대책』, 한국청소년개발원, 1996.

김영환, 이경재 "음란물의 법적 규제 및 그 대책에 관한 연구"-"포르노그래피에 대한 형사정책적 대책", 한국형사정책연구원, 1992.

미국 NII 지적소유권 작업반, 임원선 옮김, "초고속통신망과 저작권", 한울, 1996.

박상기 『형법각론』, 박영사, 1996.

이경재 "성과 법, 자유와 규제 : 성 표현물을 둘러싼 문제점", 『형사정책연구 소식』 통권 제39호, 1997년 1·2월호.

이재상 『형법각론』, 박영사, 1996. 정성근, 『형법각론(하)』, 법지사, 1990.

이용태, "정보통신의 오늘과 내일", 1987, (주)정보시대.

중앙고용정보관리소, "한국직업전망서", 노동부, 1999.

이준석, 박성범, "인터넷과 비즈니스", 1999, 교우사.

이재상, 『형법각론』, 박영사, 1996, 562면; 박상기, 『형법각론』, 박영사, 1996.

이경재, "성과 법, 자유와 규제: 성 표현물을 둘러싼 문제점", 『형사정책연구소식』 통권 제39호, 1997년 1·2월 호.

정성근, 『형법각론(하)』, 법지사, 1990.

Copp, David/Wendell, Susan (eds.) Pornography and Censorship (New York: Prometeus Book, 1983).

Hawkins, Gordon/Zimring, Franklin E. Pornography in a free Society

(Cambridge:Cambridge University Press, 1988).

U.S. Department of Justice Attorney General's Commission on Pornography, Final Report, Vols.1 & 2 (Washington D.C.: U.S. Government Printing Office, 1986).

Sch ke/Schr er Strafgesetzbuch, Kommentar 25.Auflage(M chen: Verlag C.H. Beck, 1997).

· 저자 ·

방희봉
- 대전대학교 인적자원개발원 경영팀장으로 배재대학교, 건양대학교, 대덕대학, 미래인재개발원 등에 출강하고 있으며, 한국산업인력공단, 한국직업능력개발원 등에서 심사위원 및 평가위원으로 활동하고 있는 인사조직전공의 경영학박사이다.
- 학회활동으로는 한국인적자원개발학회·한국인체예술학회·한국피부미용향장학회 등에서 활동하고 있으며, 주요논저로는 임파워먼트가 조직유효성에 미치는 영향에 관한 실증적 연구, 인적자원개발전략이 기업경쟁력에 미치는 영향에 관한 연구, 경영자의 리더십이 기업경쟁력에 미치는 영향에 관한 연구, 뷰티션의 임파워먼트, 윤해원 상식 외 다수가 있다.

김용민
- (주)이포유니온 기술연구소장으로 대전대학교, 대덕대학, 우송대학교, 미래인재개발원 등에 출강하고 있으며, 한국산업인력공단 심사위원으로 활동하고 있는 경영정보시스템(MIS)전공의 경영학박사이다.
- 학회활동으로는 한국경영정보학회·한국미용학회 등에서 활동하고 있으며, 주요 관심사로는 전자상거래, e비즈니스, ERP, CRM, SCM 구축이며 I전자상거래 활용, 한판승부 엑셀, 한판승부 파워포인트, 정보기술과 경영 등의 저서가 있다.

왜곡된 성 문화

· 초판 인쇄	2007년 9월 29일
· 초판 발행	2007년 9월 29일
· 지 은 이	방희봉·김용민
· 펴 낸 이	채종준
· 펴 낸 곳	한국학술정보㈜
	경기도 파주시 교하읍 문발리 526-2
	파주출판문화정보산업단지
	전화 031) 908-3181(대표)·팩스 031) 908-3189
	홈페이지 http://www.kstudy.com
	e-mail(출판사업부) publish@kstudy.com
· 등 록	제일산-115호(2000. 6. 19)
· 가 격	13,000원

ISBN 978-89-534-7577-9 93300 (Paper Book)
     978-89-534-7578-6 98300 (e-Book)